温泉博士×弁護士が厳選

とっておきの源泉かけ流し325湯

小林裕彦法律事務所
代表弁護士
小林裕彦
（岡山弁護士会所属）

合同フォレスト

私が源泉かけ流しをおすすめする理由

源泉かけ流しとは

新型コロナウイルスの感染拡大は、温泉業界に大きなダメージを与えました。私の知っている温泉旅館も廃業を余儀なくされたところがあります。

コロナ禍のような重大な環境変化があると、その変化に順応した温泉旅館が生き残ることになります。例えば、食事処ではなくて部屋出し、大浴場ではなくて浴槽付きの部屋のある温泉旅館が、人気を集めたようです。

しかし、温泉旅館にとって一番重要なのは、常連のお客さんの存在ということもよく聞きます。コロナ禍に温泉旅館を訪れて印象的だったのは、泉質が良いところはお客さんが多かったことです。温泉に行く目的や温泉に求めるものは、人それぞれに違うと思います。しかし、温泉に行く人の一定割合は「本物の温泉」を求めるのでしょう。

本物の温泉とは、言うまでもありませんが、源泉かけ流しのことです。

日本源泉かけ流し温泉協会が定義する、源泉かけ流しとは「湧き出したままの成分を損なわない源泉が、新鮮な状態のままで浴槽を満たしていること」です。一般的に温泉とは、このことです。一方、お湯を最大1週間も循環させて使い回す循環風呂が本来の温泉でないことは、自明の理です。しかし、この偽物温泉とでもいうべき循環風呂は、実は多いのです。

なぜ、循環風呂にするのかというと、浴槽の大きさに比べて源泉量が少ないからです。また、温泉地で源泉が共同管理されているようなところでは、源泉を買うためのコストが高いからです。さらに、循環風呂では毎日お湯を抜いて浴槽を清掃する必要がないので、人件費を圧縮できるというメリットがあるのかもしれません。

循環風呂にしている理由に、衛生上の必要性を挙げているところがありますが、これは少し無理があります。確かに、塩素殺菌でレジオネラ菌などの雑菌は排除できているのかもしれません。しかし、最大1週間もお湯を使い回してどこの誰が入ったのか分からないような塩素漬けの循環風呂が果たして衛生的といえるでしょうか。逆に、源泉かけ流し温泉のどこが衛生的でないといえるのでしょうか。

読者の皆さまは、浴槽の縁からお湯があふれておらず、浴槽内に吸い込み口がある温泉を見たことはないですか？　それが循環風呂です。全国の温泉の約８割が循環風呂だと言う方がいますが、私の感覚では本物の源泉かけ流し温泉は、全体の１割にも満たないのではないかと思います。

温泉の分類

温泉をいくつかのカテゴリーに分けると、次のとおりです。

1　源泉かけ流し

① 源泉100％かけ流し

源泉を加温、加水しないで、そのまま浴槽にかけ流している温泉。

ただし、この中にも、複数の源泉をタンクで集中管理した上で配湯するタイプから足元湧出の温泉まで、いくつかパターンがあります。

② 加温、加水ありの源泉かけ流し

源泉をいったんタンクにためて加温、加水して浴槽にかけ流している温泉。本物の源泉かけ流しに比べて、源泉の泉質と鮮度は落ちます。

③ 塩素殺菌した源泉かけ流し

源泉をいったんタンクにためて塩素殺菌を施した上で、浴槽にかけ流している温泉。このやり方だと温泉の本来の還元力は落ちて、泉質も変わってきます。

2 かけ流し・循環併用型（半循環）

源泉を注入しながらお湯を循環させている温泉。

施設によっては注入される源泉の量が多い良心的なところもあります。しかし、しょせん循環風呂であることに変わりはありません。

3 循環風呂

浴槽の吸い込み口から浴槽水を吸引して、ろ過器などを経てお湯を循環させる温泉。

これは単なるお湯の使い回しのお風呂です。いわばプールの水を温めただけの塩素臭いお湯です。

以上のように、本物の源泉かけ流し温泉はカテゴリー的には温泉の一部にすぎず、非常にありがたいものです。

実際に本物の源泉かけ流し温泉に浸かると、泉質の違いや効果はすぐに分かります。

温泉に関する私の考え

温泉に関する私の考えのポイントは、次のとおりです。

1 循環風呂や塩素殺菌した温泉は、本物の温泉でないことを明確にすべき！

2 消費者に対して、源泉かけ流しかどうか、塩素殺菌をしていないかといった温泉に関する基本情報を、より明確かつ分かりやすく開示すべき！

3 循環風呂には、温泉分析書の掲示義務はまったく無用！

4 循環風呂は、療養泉の効能が本当にあるかどうかを確認した上での適応症の掲示を行うべき！

5 良質な源泉かけ流しにまで塩素殺菌を事実上強制するような条例は即刻改正すべき！

温泉を巡る問題点は、以上に尽きると思います。

温泉法の問題点

「温泉法」は、昭和23年に制定された法律です。

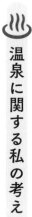

この法律の第2条第1項で、温泉とは温泉源から採取される時の水温が摂氏25度以上か、溶存物質が1kg中1000mg以上など一定量の成分を含むものとされています。

法律上、温泉の定義は明確です。温泉法上の温泉は、地中から湧出した一定の源泉なのです。この点が重要です。

問題なのは、現実に世の中の温泉の浴槽に入っている「温泉」が、温泉法上の温泉とはまったく別物ということです。循環風呂であろうが、塩素殺菌がなされた温泉であろうが、なんでも簡単に「温泉」と名乗れるような現況は誤りです。

前述のとおり、温泉法上の温泉とは、地中から湧出する温水等で、一定の温度または物質を有するものですが、温泉法第15条第1項では、「温泉を公共の浴用又は飲用に供しようとする者は、環境省令で定めるところにより、都道府県知事に申請してその許可を受けなければならない」としています。

しかし、「温泉を公共の浴用又は飲用に供する」という方法に、地中から湧出する温水等の源泉かけ流しだけでなく、循環風呂も含まれているのです。

ここに最大の問題点があります。

「温泉を浴用に供する」という「温泉」の意味は、あくまでも地中から湧出する温水等の源泉を指すことは明らかであるのに、「浴用に供する」というあいまいな表現になってしまっているので、源泉を循環して何日間も使い回している循環風呂も源泉かけ流しと同列に扱われてしまっているのです。

その結果、あたかも消費者に循環風呂も温泉であるという錯覚を与えています。温泉業者も安易に循環風呂に飛びついて、温泉という名目で循環風呂を消費者に提供しているというのが、温泉業界の実態であると言っても過言ではないと思います。

景品表示法上の問題点

「不当景品類及び不当表示防止法（景品表示法）」では、「優良誤認表示（商品または役務の品質、規格その他の内容についての不当表示）」が禁止されています。

循環風呂を「温泉」や「天然温泉」と称して消費者に提供することは、果たしてどうなのでしょうか。一般の消費者は、温泉と聞くと地中から湧出する温水をイメージするのではないでしょうか。

そうなると、循環風呂を温泉や天然温泉として消費者に提供することは、消費者を誤認させる可能性があり、優良誤認表示に該当するおそれがあると考えます。

循環風呂を温泉と表示することは、外国産の牛肉を国産のブランド牛と表示して販売する行為と基本的に同質であると、私は考えます。

消費者契約法上の問題点

「消費者契約法」は、事業者と消費者の情報格差、交渉力格差を踏まえて、事業者と消費者の取引に関して、消費者が搾取されないように一定の規制を及ぼす法律です。

この中に、「重要事項の不実告知」（虚偽の情報を提供してしまうことで消費者がその事実を誤認して契約を締結してしまうこと）があり、契約の取消事由とされています。

温泉法の改正で平成17年5月24日から、温泉事業者は循環風呂や塩素殺菌などはその旨を表示しないといけないことになりましたが、今でも循環風呂という表示のない風呂は散見しています。また、仮に循環風呂という掲示をしていたとしても、それは浴室の中の掲示です。消費者は入浴料を払って浴室に入ってしまっているので、もはや手遅れでしょう。

従って、循環風呂であることを事前に、かつ十分に消費者に知らしめないことは、重要事項の不実告知に該当するおそれがあると考えます。

コンプライアンス上の問題点

繰り返しますが、循環風呂は温泉ではありません。単なるお湯の使い回しです。また、源泉かけ流しをうたっていても、塩素剤を注入して消毒している温泉は、もはや温泉とはいえません。泉質が自然のものとは異なるからです。

しかるに、温泉業界は十把ひとからげに温泉旅館を紹介するだけで、いまだに本物の源泉かけ流しと偽物の循環風呂の区別をあいまいにしたままです。

温泉の保護や利用などに関して権限を持つ（都道府県知事などの）行政も、循環風呂を源泉とか天然温泉と表示することを事実上黙認しているように思われます。

行政には、「法令とその精神を徹底的に順守して、世の中の期待に応える」というコンプライアンスが欠けていると言わざるを得ません。

温泉は五感で楽しむ

読者の皆さまには、本物の源泉かけ流し温泉にアクセスして、実際に浸かり、五感で楽しんでいただきたいと思います。なんでもそうですが、やはり本物は素晴らしいですよ。

五感とは言うまでもなく、視覚、聴覚、味覚、嗅覚、触覚ですが、温泉はこれらをすべて満たすのです。温泉は人間のすべての感覚に訴えるので、何か懐かしい感じになって癒やされるのだろうと思います。

浴槽や温泉の色を見て（視覚）、温泉が注がれる音や温泉が浴槽から流れる音、風呂おけの床に当たる音を聞いて（聴覚）、飲んで（味覚）楽しめます。芳しい温泉臭を嗅ぐこともできますし（嗅覚）、温泉に入ってとろみやヌルヌル感などを体感できる（触覚）のです。これだけ一度に五感で感じることができるものは、他に見当たりません。

人間の本能である五感に訴えてくる度合いが大きい温泉ほど、良い温泉といえるのではないでしょうか。

温泉は癒やし

17ページから始まる「満足できる源泉かけ流し温泉325選」を読んでいただいて、全国の源泉かけ流し温泉に興味を持っていただければと思います。そして、その温泉に浸かったような気持ちになっていただければ、ありがたいです。

また、「温泉にまつわる30のお話（273ページ〜）」を軽いノリで読んで、「温泉ってさまざまな出来事があるんだな」と感じていただければと思います。温泉にはそれを取り巻く人間や事象など、いろいろな事柄があります。

全国各地の温泉に行くことで、地域の伝統や文化を知るきっかけにもなります。温泉は癒やしを得るだけでなく、日本を知ることにもつながります。

本物の源泉かけ流し温泉を見極めていただいて、実際に浸かって「ああ、温泉ってすごくいいな〜」と心身ともに癒やされることを心から望んでいます。

弁護士　小林裕彦

目次

第2部 温泉にまつわる30のお話 273

温泉インデックス&ジャンル別温泉リスト 325

第1部

満足できる源泉かけ流し温泉325選

1 満足できる源泉かけ流し温泉の条件

次の条件を満たす温泉が、私の「満足できる源泉かけ流し温泉」です。

◆なんといっても本物の源泉かけ流しであること
◆泉質が個性的であること
◆源泉の湯量が多いこと
◆浴槽とそれを取り巻く雰囲気が良いこと
◆旅館がこぎれいで、もてなしが良いこと
◆食事が手作りでおいしいこと
◆宿泊料金がおおむね1万円台、またはせいぜい2万円台前半であること

私はこれまでいろいろな温泉旅館を訪れましたが、これからご紹介する「満足できる宿泊200選」は、その中でも選りすぐりの泉質の旅館です。

加えて、「満足できる日帰り125選」も考えました。これも選りすぐりの泉質を有する温泉です。

取り上げる温泉は、あくまでも源泉かけ流しの泉質に特にこだわったものであることをご理解ください。

2 泉質名

温泉の泉質について、簡単に触れておきます。

温泉分析書を見ると、例えば「ナトリウム・カルシウム－塩化物泉」などと泉質名があります。これは、源泉の化学成分と含有量を元に、一定量以上の陽イオンと陰イオンを表示したものです。

しかし、例えば「ナトリウム・カルシウム－炭酸水素塩泉」と一口に言っても、色や濁度や触感は実際に浸かる温泉によって随分違います。

先ほど述べたとおり、源泉かけ流しの中にも加温、加水がなされていたり、塩素殺菌がなされていたりするものがかなり存在します。また、源泉かけ流しといっても、浴槽への注入量や源泉と浴槽の距離など、さまざまな状況で浴槽の中の温泉の質は変わります。

循環風呂では、泉質名をあれこれ言う必要すらありません。まったく無意味です。最長1週間も使い回した循環風呂に入りながら、源泉の泉質に思いをはせろとでもいうのでしょうか。

私はあまり泉質名には、こだわりません。実際に浸かる温泉の色、香り、触感などの五感で泉質の良しあしを判断しています。源泉かけ流しの温泉では、日によって泉質が変わったり、同じ日でも時間によって泉質が変化したりすることもあります。源泉かけ流し温泉は「生きている」のです。

もっとも、本書で取り上げる温泉は、あくまでも参考という程度で泉質名を掲げています。

3 適応症

温泉の効能についても、一言述べさせていただきます。

よく「温泉の効能はあるのですか」「どんな病気に効くのですか」などと聞かれますが、私は「温泉に効能があるかどうかは分かりませんが、少なくとも心身はリフレッシュできて元気になりますよ」と答えています。

療養泉には、一般的適応症と泉質別適応症が掲げられています。しかし、これもあくまでも適応症というにすぎません。

私が温泉に行く目的は、心と体のリフレッシュのためです。本物の源泉かけ流しは、色、香り、触感が優れていて実に癒やされます。私はあまり適応症などにこだわらなくてもよいのではと考えます。

4 温泉旅館への過度な期待

実は、旅館業はクレームの多い仕事です。

私も旅館のご主人の無愛想な態度や、仲居さんの不作法な振る舞い（部屋出しの料理をガシャンとテーブルに置く、声をかけずにいきなり襖を開けるなど）に閉口したことがあります。

料理が冷たかったり部屋が汚れていたりして、嫌になったこともあります。洗面所が汚かったり、トイレが臭かったりした経験もあります。

さすがに部屋出しの朝食時に布団を上げにきたり、予約が取れていなくて焦ったりしたことまではありませんが、中にはそういったとんでもない経験をされた方もいるようです。

私は旅館に対して、過度なもてなしの期待はあまりしない方がよいと思っています。

先ほどは満足できる源泉かけ流し温泉の条件に、宿泊料金が1万円台か、せいぜい2万円台前半であることを挙げましたが、私はあまり高い旅館には泊まらないようにしています。

高いお金を出したにもかかわらず、温泉の基本である源泉かけ流しでなかったり、サービス面で不愉快な思いをしたりするのは嫌ですね。

それよりも本物の源泉かけ流しの良い泉質の温泉で癒やされれば、少々旅館が古くても、少し汚くても、料理がさほど豪華でなくても、サービスがいまひとつでもいいかな、というのが旅館を見るポイントです。

「満足できる源泉かけ流し温泉325選」の中には、アメニティーやもてなしで必ずしも皆さまのご期待に沿えないところがあることをご了承いただければと思います。

私がこの本でご紹介する温泉は、一般受けするかどうかは分かりません。ただ、泉質に関しては、おそらくご満足いただけると思っています。もっとも、野湯などのように換水や塩素殺菌が不十分なところもご紹介しています。感染源のリスクがゼロとはいえないので、あくまでも自己責任でお試しください。

5 ご自身でリサーチを

「満足できる源泉かけ流し温泉325選」の情報は、あくまでも私が体験した、または知り得た範囲であることをご理解ください。

さらには、昨今のコロナ禍の影響で、ご紹介した旅館などが出版時には廃業などしている可能性があることもご承知ください。

本書でご紹介した旅館は、インターネットである程度情報がオープンにされています。ご自身で電話番号、アクセス方法などをお調べいただきたいと思います。

6 源泉かけ流しの見つけ方

普通はインターネット、本書のような源泉かけ流しにこだわった書籍で調べるなどの方法で見つけると思います。最近は、源泉かけ流しがレアな存在なので、本物の源泉かけ流しである旅館などは、自ら積極的に宣伝しているようです。

ただ、旅館のホームページなどで「源泉かけ流し」をうたっていても、「本物の」源泉かけ流しではないところが結構あります。

ホームページの情報に期待して足を運んだところ、別料金の貸し切り風呂や特別室の部屋風呂だけが源泉かけ流しで、他は半循環だったり、循環風呂だったりなんてこともあるので注意が必要です。

オンラインで旅館を検索予約できるシステムＯＴＡ（オンライン・トラベル・エージェント）には、「こだわり条件」で「源泉かけ流し」を選択できるサイトもあります。

もっとも秘湯は、オンラインのシステムに入っていないことも多いです。私は、宿泊はもちろん、日帰り入浴も初めての訪問では、あらかじめ電話で「源泉かけ流しですか？　循環はしていませんか」と確認しています。遠いところを苦労して行くわけですから、当然です。

実はその時の対応で、本物かどうかは大体分かります。本物の源泉かけ流しの旅館などは、決して面倒がらず実に丁寧に源泉かけ流しであることを説明してくれます。自家源泉であることや、敷地内に源泉があること、自然湧出であることなども説明してくれます。

やはりお客さんに提供するものに自信があるのだと思います。温泉経営者の矜持《きょうじ》を感じます。その逆はあえて申し上げません。

7　都道府県別の温泉状況

環境省のデータ「令和2年度温泉利用状況」によると、都道府県別の源泉数、湧出量の上位から下位の地域は次のとおりです。

源泉数ランキング

順位	都道府県	源泉数
第1位	大分県	5,102
第2位	鹿児島県	2,751
第3位	北海道	2,215
第4位	静岡県	2,208
第5位	熊本県	1,327
第6位	青森県	1,089
第7位	長野県	971
第8位	福島県	800
第9位	宮城県	749
第10位	栃木県	627
	⋮	
第38位	茨城県	154
第39位	大阪府	152
第40位	京都府	149
第41位	愛知県	134
第42位	埼玉県	113
第43位	高知県	97
第44位	滋賀県	85
第45位	徳島県	80
第46位	奈良県	75
第47位	沖縄県	20

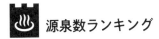

源泉数

■ 源泉数上位10地域
■ 源泉数下位10地域

湧出量

■ 湧出量上位10地域
■ 湧出量下位10地域

湧出量ランキング

順位	都道府県	源泉数
第1位	大分県	298,416L/分
第2位	北海道	197,557L/分
第3位	鹿児島県	174,500L/分
第4位	青森県	147,494L/分
第5位	熊本県	132,047L/分
第6位	岩手県	112,490L/分
第7位	静岡県	112,478L/分
第8位	長野県	105,051L/分
第9位	秋田県	86,633L/分
第10位	福島県	79,929L/分

⋮

第38位	愛知県	16,577L/分
第39位	埼玉県	14,676L/分
第40位	千葉県	13,429L/分
第41位	香川県	10,960L/分
第42位	滋賀県	10,421L/分
第43位	福井県	7,811L/分
第44位	徳島県	7,425L/分
第45位	奈良県	6,753L/分
第46位	沖縄県	4,986L/分
第47位	高知県	2,944L/分

温泉力の強い地域が分かります。

大分県は源泉数、湧出量ともにぶっち切りです。九州、東北、北海道、長野県と静岡県は源泉力が強く、逆に沖縄県、四国、近畿は弱いことになります。

本書でご紹介する325の温泉も、やはり温泉力が強いエリアのところが多いです。

ただ、以前、沖縄県は源泉数も湧出量も全国最下位だったのですが、湧出量で高知県を上回っていたことに驚きました。本書でも沖縄県の温泉を3軒ご紹介します。

8 さいごに

私は2019年12月に集英社から『温泉博士が教える最高の温泉～本物の源泉かけ流し厳選300の温泉～』を出版させていただきました。その中でご紹介した温泉と本書でご紹介する温泉は、まったく重複しません。

本書の末尾では、都道府県別にご紹介した温泉のインデックスを付けています。また、ジャンルごとに分類した「十大○○泉」などを参考までに収録しました。

では、北から順に「満足できる源泉かけ流し温泉325選」をご紹介します。

Facebookとアメーバブログ「温泉博士が教える最高の温泉」で、本書で紹介した温泉の他にも、さまざまな温泉を紹介しています。ぜひご覧いただければと思います。

Facebook

https://www.facebook.com/yasuhiko.kobayashi.3

ブログ「温泉博士が教える最高の温泉」

https://ameblo.jp/kobayashiyasuhiko/

1 北海道

ホテル利尻

丸型の浴槽が源泉風呂

露天風呂には加温された茶色の源泉

屋上から利尻山、礼文島が一望できる

北海道利尻郡利尻町沓形富士見町90

利尻町営の温泉施設で、「利尻ふれあい温泉」という日帰り施設も運営しています。

含二酸化炭素－ナトリウム・マグネシウム－塩化物・炭酸水素塩泉です。おそらく日本最北端の源泉かけ流し温泉だと思います。

ここは利尻島・礼《れ》文《ぶん》島唯一の源泉かけ流しをうたっています。

上の写真の手前、色の濃い方が源泉風呂です。

無色透明の炭酸分を含んだ25度くらいの源泉がかけ流されています。

甘い炭酸泉です。炭酸濃度はかなり高いと思います。浸かると、少しシュワシュワ感があります。

酸化すると茶色に濁ります。

利尻島にこのような本物の源泉かけ流しの温泉があることは、感動ものです。

2
北海道

斜里《しゃり》温泉 ホテルグリーン温泉

茶褐色の美しい源泉

JR知床《しれとこ》斜里駅から歩いて行けます。

ビジネスホテルですが、地元の方は日帰り温泉として利用しているようです。

ナトリウム−炭酸水素塩・塩化物泉です。

ここは泉質が素晴らしい。濃い茶褐色のモール泉です。

モール泉は、簡単にいえば植物性腐食質の温泉のことです。北海道の十勝川温泉が有名ですが、全国には何カ所かモール泉が湧出しています。配管からボコッボコッと源泉が勢いよく噴出しています。

源泉の注入口にコップが置かれています。微かな塩味とミネラルと炭酸を感じます。源泉かけ流しだからこそ、飲泉ができます。

浸かると、つるつる感がすごい。気泡も体に付きます。源泉が新鮮な証しです。

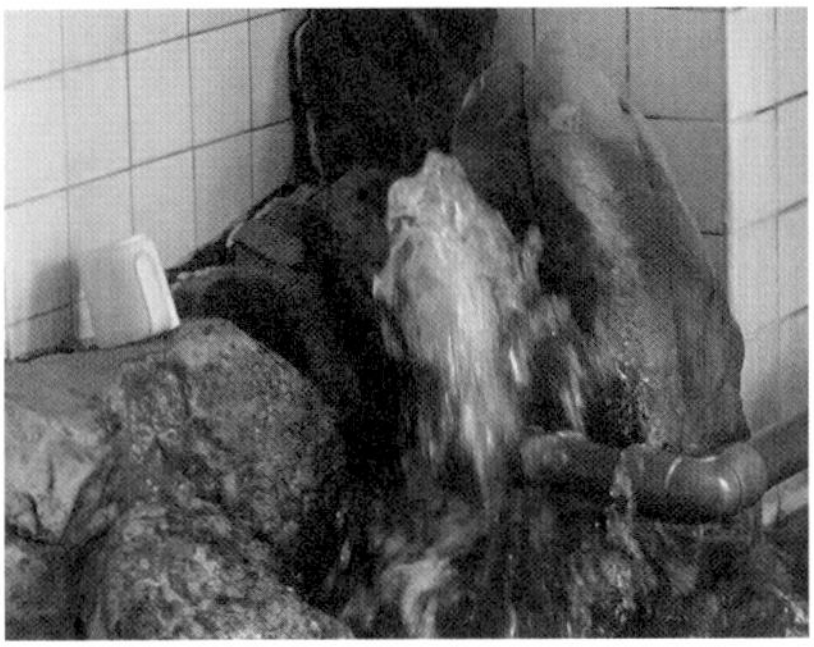

勢いよく源泉が噴出しています

グリーンの屋根のホテルグリーン温泉

北海道斜里郡斜里町港町7

3
北海道

滝の湯温泉
癒《ゆ》恵《けい》の宿 一羽のすずめ

タイルと壁が美しい

北見市の留辺蘂《るべしべ》町にあります。

　この辺りは、何軒か日帰りと宿泊の施設があります。どこも源泉かけ流しで、つるつるすべすべの良い泉質です。

　以前は「寿苑」という福祉施設のような名前の湯治場でしたが、現在の名称に変わりました。

　アルカリ性単純泉で、ｐＨ９・６です。浸かった瞬間、おっと思います。体にまとわりつくようなヌルヌル感があります。

　しかも、ぬるめの温泉です。飲泉は甘めで、微かな硫黄味がします。

　浴槽は男女一つずつです。さほど大きくない浴槽にドバドバと源泉がかけ流されています。

　湯上がりは体が若返ったように感じます。

源泉の注入口にコップ

湯治場的な雰囲気

北海道北見市留辺蘂町滝の湯131

4
北海道

北見温泉ポンユ　三光荘

浴槽の青いタイルが目にも鮮やか

新鮮な泡付きの源泉かけ流し

肌のトラブルに悩む人にも人気がある

北海道北見市留辺蘂町泉360

アルカリ性単純泉です。

　二つ源泉があり、奥の浴槽が42度、手前が38度をかけ流しています。まったく加温しないで、異なる温度の源泉をそのまま使っています。

　建物は少し古い感じがしますが、浴室はかなりきれいです。

　浸かると、微かな泡が体に付きます。浴槽の源泉中にも、細かな泡がたくさん含まれています。源泉の表面で泡がバチバチ弾けています。

　そのせいか、泉質がすごくやわらかい。体が源泉に包まれて浮き上がるような独特の感触がします。

　湯田川温泉の田の湯（山形県）や霧積温泉 金湯《きんとう》館（群馬県）などと同じような湯の感じです。

　ポンユとは、アイヌ語で「小さい湯」という意味だそうです。

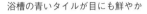

5 北海道

屈斜路《くっしゃろ》湖畔温泉郷
三香《さんこう》温泉

いかにも北海道の露天風呂らしい雰囲気でしょう。

屈斜路湖の湖畔にあり、大自然にいるのが実感できます。

建物もかなり渋いですが、ここの露天風呂がワイルドで素晴らしい。

大好きな露天風呂です。ご主人も気さくで良い方です。

男女の仕切りの板のところから、ボコッボコッと源泉がかけ流されています。

温泉分析書では単純泉ですが、いわゆるモール泉です。紅茶色で、硫黄のような温泉らしい香りがします。

モール泉は大体そうなのですが、浸かるとつるつるすべすべします。

湯上がりの肌が、しっとりします。

ぬる湯で長く入れます。大自然の中で本当に幸せな気分になれます。

これぞまさしく北海道らしい露天風呂

大自然の中にそびえ立つ

北海道川上郡弟子屈町屈斜路391-15

6 北海道

別海《べっかい》温泉
べっかい郊楽苑

ナトリウム-塩化物泉です。太古の植物が石炭になる前の腐植質（モール）を含む温泉です。

独特の芳しい香りと、つるつる成分が特徴です。

黒色がいいでしょう。ここはモール泉の中でも、かなり色は濃い方だと思います。

湯の表面が泡立っていて、源泉が新鮮であることがよく分かります。

当然のことながら、浸かるとつるつるです。

別海町には、いくつか温泉施設がありますが、源泉かけ流しが多いです。

北海道の十勝川温泉、帯広温泉からこの辺りはモール泉が多いです。

モール泉は北海道の十勝川温泉が有名ですが、金沢市、人吉市、別府市、鹿児島市など全国至る所にあります。

しょうゆの色のような源泉

ひときわ目を引く外観

北海道野付郡別海町別海141-100

7
北海道

白金温泉 温泉ゲストハウス 美瑛白金の湯

見事な緑白色の源泉

白金温泉は、源泉かけ流しの多い温泉地です。

ここは以前、「白金温泉銀瑛荘」でした。

最近、ゲストハウスが増えてきました。ゲストハウスといってもいろいろな形態があるようですが、大ざっぱに言うと共用スペースがあって、宿泊者同士が交流を楽しみます。ぶらり一人旅の方や、外国人のバックパッカーが多いイメージです。

昨今、温泉旅館の廃業が相次ぐ中、ゲストハウスがその経営を引き受けてくれるのはありがたいことだと思います。

ナトリウム・マグネシウム・カルシウム－硫酸塩・塩化物泉です。

緑白色に美しく濁っています。浴槽や床には温泉成分が凝固しています。

こってりした泉質です。

浴槽の縁は凝固物がこってり

温泉地の中では比較的こぢんまりした建物

北海道上川郡美瑛町白金

8
北海道

トムラウシ温泉　東大雪荘

広い浴槽に源泉がとうとうとかけ流されている

野趣あふれる露天風呂

1993年に建てられた立派な建物

北海道上川郡新得町屈足トムラウシ

トムラウシとは、アイヌ語で「花の多いところ」という意味だそうです。

ここは本物の秘湯です。「ポツンと一軒家」的な山の中の一軒宿です。

JR新得駅から車で1時間15分くらい行った山中にあります。

「クマは出るんですか?」とお聞きしたら、「普通にいるよー」という答えでした。

ナトリウム－塩化物・炭酸水素塩泉です。無色透明ですが、ほのかに硫黄臭がします。浸かると、つるつる感があります。

源泉は宿の手前で自噴しています。98度の源泉を熱交換器で冷却して、加水しているそうです。

以前は循環風呂でしたが、後に源泉かけ流しになったそうです。

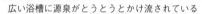

9
北海道

十勝川温泉
丸美ヶ丘温泉ホテル

熱めの方の大浴場

ぬるめの小浴場は泡々

湯治場的な風情のある建物

北海道河東郡音更町宝来本通6-2

帯広市は、市内の至る所にモール泉のかけ流し温泉があります。

このホテルはJR帯広駅から車で10分くらいの高台にあり、帯広市ではなく音更《おとふけ》町にあります。

温泉力が強く、2種類のアルカリ性単純泉の源泉です。

大きい浴槽は、42度のモール泉です。

見事な黒色の源泉です。浴槽の中でずるっと滑るくらい、つるつるです。

小さい方の浴槽は、ぬるめです。個人的には、こちらによく浸かります。

浸かると体に泡が付きます。つい長湯してしまいます。

最高品質の2種類のモール泉の源泉かけ流しの温泉旅館です。

ちなみに、宿泊は素泊まりだけです。

10
北海道

ニセコ昆布温泉郷
ニセコグランドホテル

絵になる混浴露天風呂

ニセコグランドホテルは、露天風呂が混浴です。開放感のある良い風呂で、女性も普通に入っています。

冬場のスキーシーズンは欧米系の方も多く、女性は湯浴み着を着て入浴しています。そこそこ広いので、女性も安心して入ることができるのだと思います。

ナトリウム－塩化物泉と、ナトリウム－炭酸水素塩泉の2本の源泉があります。緑色に濁ったつるつるすべすべの良い泉質です。

温泉分析書を見ると、メタケイ酸が多く含まれています。

内湯では、2種類の源泉に浸かることができます。湯口からは源泉が勢いよく注入されています。やはり泉質の良さと湯量の多さは、温泉の生命線です。

2種類の源泉浴槽

冬はスキー客が多い

北海道虻田郡ニセコ町ニセコ412

11 北海道

千《ち》走《はせ》川《かわ》温泉旅館

ナトリウム－炭酸水素塩・塩化物泉です。こってりした感じの茶色の源泉と浴槽の縁に付着したうろこ状の凝固物がいいでしょう。

浸かると、ずっしりと重みを感じる泉質です。

北海道の日本海側に面した島牧村《しままきむら》にあります。道東の知床《しれとこ》に匹敵するくらいの秘境です。

とはいえ、車で20～30分の距離に宮内《ぐうない》温泉や、モッタ海岸温泉などもあります。

この辺りは普通にクマが出るので、散歩は勇気がいります。

あまり料理の話はしないのですが、この旅館は宿泊料に見合わないくらいの料理が出ます。おそらく、近くの海で魚がたくさん捕れるのだろうと思います。ありがたいことです。

茶色の源泉とうろこ状の凝固物

緑に映える三角屋根

北海道島牧郡島牧村江ノ島561

12 北海道

モッタ海岸温泉旅館

モッタとは、アイヌ語で「小さい砂浜」という意味だそうです。

島牧村《しままきむら》にあります。

ナトリウム－塩化物泉です。ラジウムも含まれているようです。

かなり泉質が個性的です。泉質名からは想像のつかない独特の泉質で、体がじんわりと温まります。

源泉は灰色の薄濁りです。

自己責任で飲泉すると、塩味の利いた、だしスープのような味です。少し薬品っぽい味もします。

浸かるとキシキシした感じがすごい。微かな硫黄臭と石こう臭がします。

やや熱めの源泉で、内湯と露天風呂が一つずつです。

少し高台にあるので、露天風呂からは日本海を眺めることができます。

薄濁りの不思議な色の源泉

少し高台にあるしゃれた建物

北海道島牧郡島牧村栄浜362

13 北海道

長《おしゃ》万《まん》部《べ》温泉
長万部温泉ホテル

長万部温泉は、ＪＲ長万部駅から歩いていけます。旅館が6軒あり、すべての旅館がナトリウム－塩化物泉の源泉かけ流しです。

天然ガスを試掘していたところ、昭和30年に温泉が湧き出して、あっという間に温泉街ができたそうです。

温泉地として「源泉かけ流し宣言」をしています。素晴らしいことです。

ひょうたん型のひなびた浴槽に源泉がとうとうと注がれています。太いパイプからドバドバと源泉がかけ流されていて、インパクトがあります。

泉質は、少し緑色がかっていて微かな油臭があり、しっとり感とヌルヌル感があります。

少しひなびた感じがしますが、良い味を出している旅館です。

緑色がかった源泉

地元の方の利用が多く、にぎわっている

北海道山越郡長万部町温泉町402

14 北海道

恵《え》山《さん》温泉
恵山温泉旅館

函館から車で1時間ほどの場所にあります。恵山が活火山なので、この辺りは良い温泉があります。

含鉄－アルミニウム－硫酸塩泉です。

ｐＨは2・1で、かなり酸性が強いです。

赤ワインを薄くしたような色がいいでしょう。木で造られた浴槽にマッチしています。浸かるとピリッとします。

温泉成分が体に染み込んできます。

強酸にさまざまな鉱物が溶け込んでいるのが分かります。実際、浸かると金属臭を感じます。とろみがあって、比重が重たい感じです。

草津温泉と同様、ここもウイルスの殺菌作用があるだろうと推測できます。

湯治場的なおすすめの旅館です。

目にも鮮やかなワインレッドの温泉

風雪に耐えてきた立派な建物

北海道函館市柏野町117-150

15 北海道

八雲温泉 おぼこ荘

鉄分を多く含んだ茶色の源泉

ナトリウム−塩化物・炭酸水素塩泉です。

2種類の源泉があります。露天風呂は鉄分を多く含んでいます。濃い茶色です。内湯は少し緑色がかっていて、しっとり感がすごい。どちらも濃厚でずっしりくる泉質です。

JR八雲駅からデマンドタクシー（現地では「予約タクシー」といいます）で行くのですが、おぼこ荘入り口までしか乗せてくれません。約15分歩く道中は、地元の方もおそれるクマの出没地域です。

クマに遭遇しないでほんまによかった。デマンドタクシーの人も旅館の人も「この辺りを歩く人はあまりいないねー。出るかもしれないよー」とのことでした。

北海道は年々、クマの脅威が大きくなっています。

内湯は少し緑色がかった源泉

秘湯に驚くようなしゃれた建物

北海道二海郡八雲町鉛川622

16
北海道

貝《かい》取《とり》澗《ま》温泉　あわび山荘

浴槽の縁も床も茶色の凝固物でいっぱい

源泉が男女の仕切りの間からボコボコと

秘境にしては立派な元国民宿舎

北海道久遠郡せたな町大成区貝取澗388

元は国民宿舎でした。現在は指定管理で、民間会社が経営しています。

日本海側のせたな町にあります。アクセス困難な、かなりの秘境です。

ナトリウム－塩化物・炭酸水素塩泉です。茶色で鉄の臭いがします。

浴槽の縁や床には、温泉成分が凝固しています。

浸かると意外にさらさらした肌触りです。

浴槽の底には沈殿物がたまっています。

じんわりとよく温まる泉質です。

男女の仕切りの所から、ゴボゴボと勢いよく源泉が注入されています。

露天風呂にも源泉がかけ流されています。

この辺りもクマが出るそうです。

17 青森県

下風呂温泉郷 まるほん旅館

本州最北駅のＪＲ下北駅からバスで行きます。

この温泉地には、白濁系の「大湯」、透明系の「新湯」の他、海辺で湧出している「浜湯」があります。

何軒か旅館があり、温泉力の高い温泉地です。

ここは、酸性・含硫黄‐ナトリウム‐塩化物・硫酸塩泉の大湯を使用しています。

浴室に入った瞬間、ツンと鼻をつく濃厚な硫黄臭に包まれます。

階段を下りていくと、小さめの浴槽が一つあります。まさに湯治場の雰囲気です。

温泉成分が浴槽の底にたまっていて、かき混ぜると白濁します。

浸かると、体にピリッときます。濃厚な硫黄泉です。下風呂温泉らしい、かなり濃厚な硫黄泉です。

シンプルな浴槽に大湯のかけ流し

湯治場的な雰囲気

青森県下北郡風間浦村下風呂113

18 青森県

相乗温泉 羽州路の宿　あいのり

ナトリウム‐塩化物泉と単純泉の２種類の温泉がかけ流されています。

赤茶けた源泉の露天風呂がいいでしょう。

縁の外まで、鉄分が染み込んでいます。源泉の注入口からゴボッゴボッと源泉が注がれています。

この露天風呂にかけ流されている塩化物泉は、赤っぽくぬるめです。鉄分と炭酸分をかなり含んでいて、個性的な泉質です。浴槽の底には、鉄分が凝固して沈澱しています。

源泉は鉄分の臭気がすごいです。ここに入った人が近くを通ると、プーンと鉄さびの臭いがするくらいです。有馬温泉のような含鉄泉とは異なり、もっと生臭い強烈な臭いです。

浸かるとシュワシュワです。アブがたくさん寄ってきます。

炭酸ガスにつられてたくさんのアブが……

強烈な鉄分の臭気がする秘湯

青森県平川市碇ヶ関西碇ヶ関山186

19
青森県

湯段温泉　時雨庵

珍しい深緑色の源泉

民家のような素朴な建物

わが物顔の猫

青森県弘前市常盤野湯段萢4-36

ナトリウム・カルシウム・マグネシウム－塩化物泉です。

深緑色の濁り湯の源泉がいかにも効きそうでしょう。体にまとわりつくような濃厚な泉質です。

飲泉すると、塩味とだしがよく利いている感じがします。

家族経営のこぢんまりした旅館です。

湯段温泉は、嶽《だけ》温泉の少し奥にあります。嶽温泉の白濁した硫黄泉とは、まったく異なる泉質です。ここと、あと2軒旅館があるひなびた温泉地です。

皆さん、手前の嶽温泉までは行かれますが、なかなか湯段温泉までは足を運ばれないようです。

旅館の猫が人懐こくて、部屋に入ってきます。なかなか帰りません。部屋の壁で爪を研いでいました(^^)。

20 青森県

桜温泉　ニュー桜旅館

油臭と金属臭がする緑灰色の源泉

露天風呂も立派な源泉かけ流し

街中の一見、健康ランド的な温泉

青森県弘前市賀田2-10-1

　弘前市の街中にありますが、浴室に入ると湯治場的な感じがします。

　宿泊もできますが、地元の日帰り客が多いようです。

ナトリウム－塩化物・硫酸塩泉がドバドバとかけ流されています。毎分460リットルの源泉が湧くとのことで、湯量が多いです。しかも、適温で加水も加温もありません。

　桜温泉というと、何か普通の温泉のような名前の響きですが、ここは相当珍しい泉質です。

　まず、この緑灰色《りょくかいしょく》がすごいでしょう。さらには、かなり油臭と金属臭がします。苦味と塩味が強烈です。

　体にずっしりとくる感じの濃い泉質です。

　温泉成分が体に染み込む感じで、その独特の泉質に魅せられます。

21 青森県

民宿梅沢温泉

ＪＲ五能線の陸奥《むつ》鶴田《つるだ》駅から車で10分ほどの場所にあります。

住宅街の民家の中に、何気なく民宿があります。

ナトリウム‐塩化物泉です。泉質はかなり黒くてヌルッとした肌触りで、独特です。浴槽の中でずるっと滑るような感じです。

黒い湯の花がたくさん舞っています。これも大変珍しいです。

何人か湯治客がお泊まりになっています。

80歳を超えた、気さくな女将さんがお元気で、お話が面白い。この温泉はどんな病気でも治るそうです。確かに、効能がありそうな泉質です。

日帰り温泉は、紙に名前を書いて、その上に２００円を置いて入るという独自のシステムです。

黒い湯の花が舞っています

民家をほうふつとさせる入り口

青森県北津軽郡鶴田町横萢松倉51

22 青森県

嶽《だけ》温泉　赤《あか》格子《ごうし》館

百沢《ひゃくざわ》温泉のさらに奥にあります。

嶽温泉は、白濁の酸性硫黄泉が有名です。源泉は硫黄分の濃度が高く、硫黄臭が強いです。

旅館が何軒かありますが、すべて源泉かけ流しです。強烈な酸性なので、循環風呂はそもそも無理です。

嶽温泉の旅館はどこも個性的ですが、郵便局が併設されているのが珍しいので、この赤格子館を挙げたいと思います。

浴槽のシンプルさと、いかにもピリッときそうな白濁する前の新鮮な硫黄泉の色がいいでしょう。

白濁していないのが新鮮さの証しです。少し青みがかっています。

浸かると、ピリッとします。源泉で顔を洗うと、ひげそり跡が痛い。

白濁前の青みがかった源泉

１階に郵便局が併設されています

青森県弘前市常盤野湯の沢21

23 岩手県

松川温泉　松楓荘

無上の幸福感に浸れる露天風呂

松川温泉は、地熱発電で有名な温泉地です。

ここと松川荘、峡雲荘《きょううんそう》の3軒の旅館があり、どこも良い個性があります。

建物（左下写真）がひなびていて渋いでしょう。

つり橋を渡っていく混浴露天風呂は、なかなか味があります。

岩をくり抜いた浴槽に、こってりした白濁の硫黄泉が蓄えられています。絵になる露天風呂です。

内湯は、源泉が少し青白色《せいはくしょく》に見えます。熱めとぬるめがあります。いかにも湯治場らしい風情です。

これ以外にもう一つ、混浴露天風呂と岩風呂があります。旅館の規模に比べて浴槽が多いです。

硫黄臭と白濁の硫黄泉は、やはり温泉の醍醐味《だいごみ》です。

青みがかった源泉がきれいです

松川温泉の中でも一番、湯治場的な雰囲気

岩手県八幡平市松尾寄木1-41

24
岩手県

藤七温泉　彩雲荘

泥に埋まってしまいます

幻想的な雰囲気の内湯

積雪が崩れてきそうです

岩手県八幡平市松尾寄木北の又

世の中には、いろんな温泉があります。

ここの混浴露天風呂は、何カ所かある自然の源泉の湧出口から源泉が湧いています。

座る場所を間違えると「あちっ」ということになります。そこら中でボコボコ源泉が湧いていています。感動です。泥がたまっています。座ると泥で埋まります。

露天風呂で、女性は湯浴み着を着て浸かっています。男性の海水パンツなどは、用意されていません。皆さん、おおらかに足元湧出の本物の源泉を楽しんでいます。

足元湧出の源泉のせいか、浸かっているとかなり疲れます。この他、男女別の内湯と露天風呂があります。

泉質は当然のことながら硫黄泉です。

25
岩手県

大沢温泉　湯治屋

川に面した混浴、大沢の湯

大沢温泉は湯治屋の他、山水館、菊水館からなります。山水館はかなり立派な建物です。入る温泉は共通です。アルカリ性単純泉です。

懐かしい温泉臭のする良い泉質です。特徴はとろみで、浸かると肌に優しく、やわらかい源泉が体を包み込みます。

露天風呂は、「大沢の湯」で混浴です。広くて開放感があるせいか、結構女性が入っています。向かって右がぬるめ、左が熱めです。川に面した浴槽は、実に風情がありま す。

内湯は「薬師の湯」です。レトロで良い雰囲気でしょう。天井が高いです。

建物内には居酒屋もあれば、湯治客のための日用雑貨店もあります。

湯治場と現代的な宿が同居した温泉宿です。

レトロな薬師の湯

湯治場そのものの玄関

岩手県花巻市湯口大沢181

これぞ湯治場

26 岩手県

湯川温泉　鳳《ほう》鳴《めい》館

湯川温泉という名前は、和歌山県や石川県にもあります。ちなみに、湯の川温泉は函館市と島根県にあります。

ＪＲ北上線ほっとゆだ駅がある西和賀町《にしわがまち》には、実に多くの温泉があります。ここ湯川温泉の他、湯本温泉、巣郷《すごう》温泉があります。

鳳鳴館は、湯川温泉の一番奥の湯治場です。受付には誰もいませんし、電話もほとんどつながりません。日帰り客は、玄関の牛乳パックに「お湯っこ代」３００円を入れて、入ります。

実に濃厚な単純泉です。浸かるとキシキシした感じがして、体の芯にガツンときます。パンチの効いた泉質です。

建物の窓に干しているシャツが泣かせます。これぞ本物の湯治場です。

シャツがすべてを物語っています

お湯っ子代という名称が渋い

岩手県和賀郡西和賀町湯川52-127-2

27 岩手県

巣《す》郷《ごう》温泉　高原旅館大《だい》扇《せん》

巣郷温泉は秋田県境に近い温泉地です。

「峠の湯」という共同湯の他、何軒か旅館があります。油臭い泉質が特徴です。

ナトリウム－硫酸塩・塩化物泉です。

この温泉地の他の旅館はそうでもないのですが、ここは黒っぽい色です。浸かると、つるつる感がすごいです。油系の温泉なのにべたつきません。

湯田温泉、湯川温泉などがあるＪＲ北上線ほっとゆだ駅が最寄りです。

強烈臭の温泉としては新潟県の新津《にいつ》温泉などがありますが、新津温泉は石油っぽい臭いなのに対して、ここはコールタールっぽい臭いです。まぁ臭いにはそれぞれ感じ方があるので、当てになりません(^^)。

油臭のする黒い湯

県境の秘湯の温泉宿

岩手県和賀郡西和賀町巣郷63-158-9

28 岩手県

夏《げ》油《とう》高原温泉郷　美人の湯　瀬美温泉

瀬見温泉（山形県）とは、別の温泉です。

元湯夏油や夏油観光ホテルがある、夏油温泉の手前にあります。

３種の異なる源泉と「美人の湯」を売りにしていて、温泉を含めた総合力が高いです。

夏油温泉の陰に隠れている感じがしますが、部屋数の割に浴槽が多い。アルカリ性単純泉の源泉が３本あります。

温泉分析書では微妙に成分が異なりますが、浸かった実感にあまり違いはありません。すべて源泉かけ流しです。

特に「夢の湯」が素晴らしい。

小さい方の浴槽は、源泉温度が32度の源泉をそのままかけ流しにしています。

隣の浴槽は、43度くらいの源泉を浴槽の底から注入しています。

源泉浴槽のある夢の湯

32度の源泉がドバドバ

岩手県北上市和賀町岩崎新田1-128-2

29
岩手県

夏《げ》油《とう》温泉
夏油温泉観光ホテル

湯治場の雰囲気の内湯

印象に残る露天風呂

浴槽の風情にこだわった温泉ホテル

岩手県北上市和賀町岩崎新田8-7

元湯夏油のすぐ手前にあります。

「白猿の湯」といわれるカルシウム・ナトリウム－硫酸塩泉と、「蛇の湯」といわれるカルシウム・ナトリウム－塩化物泉があります。

元湯夏油はあちらこちらに温泉が散らばっている感じですが、ここは比較的まとまっています。

内湯は湯治場の雰囲気で、実に風情があります。浸かると、しっとりすべすべの泉質です。

「ブナ林露天風呂」もなかなかインパクトがあります。さらには、川沿いにも露天風呂があります。

ここも元湯夏油も、営業期間は大体5月上旬から11月頃です。東北の秘湯は、しばしばこういったところがあります。

30
岩手県

台温泉　水《みず》上《がみ》旅館

この上なくレトロな浴槽

単純硫黄泉です。

台温泉は、小さな旅館が立ち並んで湯治場的な雰囲気がする、良い温泉地です。自家源泉を持っている旅館が多く、それぞれ泉質は微妙に異なります。

大型旅館が立ち並ぶ近くの花巻温泉とは、次元が異なるくらいにレトロで懐かしい感じがする温泉地です。

この水上旅館は台温泉の中でもさらにひなびていて、湯治場の雰囲気が強いです。

浴槽は一つだけで、貸し切りで入れます。

源泉が出てくる所があり、自分で浴槽の温度を調整します。

体にまとわりつくような、じわーっとくる感じがします。

源泉の新鮮さと濃さを実感できます。

ここで源泉の注入量を調整します

湯治場の中の湯治場

岩手県花巻市台第1-183

31
岩手県

金田一温泉　仙養館

窓も仕切りも浴槽もノスタルジック

アルカリ性単純泉です。浴室のレトロ感が素晴らしいでしょう。窓も仕切りも浴槽もすべてレトロです。

シンプルな丸型の浴槽の縁から源泉があふれていて、源泉が流れた所が変色しています。源泉の温泉成分の濃さを感じさせます。

ぬるめでまったりとした泉質です。微かな温泉臭がします。

源泉がほどよく体になじむ感じがします。湯上がりは、肌がしっとりします。

この旅館は玄関を入った時から、どこか癒やされる感じがします。

座敷童子《ざしきわらし》で有名な温泉地にあります。何軒か旅館がありますが、ここ仙養館は体の力が抜けるような独特の癒やし感があります。

浴槽の縁から源泉があふれています

座敷童子が出そうな雰囲気の旅館

岩手県二戸市金田一大沼24

32 岩手県

網《あみ》張《はり》温泉 休暇村岩手網張温泉

宿からしばらく山道を歩いていくと、「仙女の湯」と名付けられた混浴露天風呂が現れます。

深山に硫黄泉の芳しい香りが立ち込めています。

深緑に白濁の硫黄泉が映えます。ただし、冬場は閉鎖されるそうです。

ぬるめの硫黄泉がかけ流されています。あまり刺激の強くない、やわらかい硫黄泉です。自然の中に溶け込んでいる感じがします。

そのせいか、皆さんあまり恥ずかしいといった気持ちを持たずに、楽しんでいます。

施設内にも、露天風呂や内湯があります。こちらは、どちらかというと熱めです。

岩手山の火口から湧出した温泉を引いているとのことで、泉質とロケーションに恵まれた温泉です。

自然と一体になった混浴の仙女の湯

仙女の湯の入り口

岩手県岩手郡雫石町網張温泉

33 岩手県

須川高原温泉

含硫黄−アルミニウム−硫酸塩・塩化物泉です。

毎分6千リットルという日本有数の源泉量です。圧倒的な湯量です。

ご覧のとおり、青光りした硫黄の濃い、濃厚な泉質です。

この大露天風呂がいいでしょう。大日岩を望むことができるので、「大日湯」と名付けられています。

湯治棟にある霊泉が、素晴らしい。

泉質は同じですが、浴槽が小さく源泉が新鮮なので、こちらの方がピリッときます。

温泉成分がじわーっと体に染み込む感じです。硫黄の臭いが、しばらく体から取れません。

ちなみに須川温泉栗駒《くりこま》山荘は、歩いてすぐです。岩手県から秋田県へと県境をまたいで向かいます。

広大な大日湯

霊泉というにふさわしい温泉

岩手県一関市厳美町祭畤山国有林46林班ト

34
宮城県

鬼《おに》首《こうべ》温泉
露天風呂の宿　とどろき旅館

風情ある混浴露天風呂

アルカリ性単純泉です。露天風呂、なかなか風情があるでしょう。

どこか癒やされる雰囲気があります。入り口は男女別ですが、混浴です。広くて、所々にある岩に隠れることができるので、女性も安心して入れると思います。

内湯もなかなか味があります。

泉質は、実にやわらかいです。肌によくなじんでしっとりします。

温泉臭も実に芳しい。温泉成分が濃厚な、アルカリ性単純泉です。

鬼首温泉とは、おどろおどろしい名前ですが、鳴子温泉郷の中に4、5軒の旅館がある、小さな温泉地です。鳴子温泉からは、車で20分くらいの所にあります。山の中の秘湯です。

じっくりゆっくり入れる内湯

温泉力の高い温泉地、鬼首温泉

宮城県大崎市鳴子温泉鬼首轟1

35
宮城県

川《かわ》渡《たび》温泉　越後屋旅館

ナトリウム－炭酸水素塩泉

硫黄泉

２種類の優れた泉質を楽しめます

宮城県大崎市鳴子温泉川渡24-9

川渡温泉は、鳴子温泉郷の中で最も湯治場的な雰囲気を残す所です。

越後屋旅館は、家族経営とおぼしきこぢんまりとした宿です。

メイン写真は、ナトリウム－炭酸水素塩泉、左の写真は硫黄泉です。

２種類の源泉をうたっています。どちらも緑白色で似ていますが、微妙に泉質は異なります。硫黄泉の温泉成分が、少し濃厚に感じます。

浸かると、どちらもキシキシした感じです。温泉成分の濃さを実感します。

硫黄臭と金属臭が実に芳しい。強いて言えば、炭酸水素塩泉の方がつるつる感があります。

料理が手作りでおいしく、もてなしの感じが良い旅館です。

36
宮城県

鳴子温泉郷・中山《なかやま》平《だいら》温泉
なかやま山荘

女性優先の桐の湯

ヌルヌルとろとろの源泉

うなぎの湯の温泉地

宮城県大崎市鳴子温泉星沼19-24

含硫黄－ナトリウム－炭酸水素塩・塩化物泉です。

中山平温泉は、鳴子温泉郷にあります。

「うなぎの湯」ともいわれる、ヌルヌルとろとろの泉質です。

男女別の浴槽もいいのですが、「桐の湯」が素晴らしく、とろとろ感があります。

「源泉に近いので、とろとろ感が強いのじゃないかな」と女将さんはおっしゃっていました。

確かに、浸かると体に膜が張ったような感じがする独特の肌触りです。

桐の湯は男女入れ替えで、男性は午後2時から午後6時までしか入れません。

女性優先なのは、女性に美肌になってほしいからだそうです。

37
宮城県

湯浜温泉
ランプの宿　三浦旅館

やわらかい泉質の温泉

公共交通機関でアクセスできない場所にあるので、車を運転しない私にとってはかなりの秘湯です。

秘境の小《お》安《やす》峡《きょう》温泉から、車で30分ほどの山奥にあります。秘境のさらに奥の秘境です。そして駐車場から10分ほど山の中を歩いて、やっと着きます。

「ランプの宿」とのことですが、ある程度は自家発電で電気を賄っているようです。

アルカリ性硫黄泉がかけ流されています。

浸かると、やわらかい泉質に感動します。

内湯も露天風呂も、風情があります。

露天風呂は少し宿から離れていて、なかなかワイルドです。周りに人けがないので、日中でも一人だと少し怖いくらいです。

山の中の少し怖いくらいの露天風呂

秘湯に着いて
ホッと一息

宮城県栗原市花山本沢岳山1-11

38
宮城県

鳴子温泉　村本旅館

表面にカルシウム分の膜が張っています

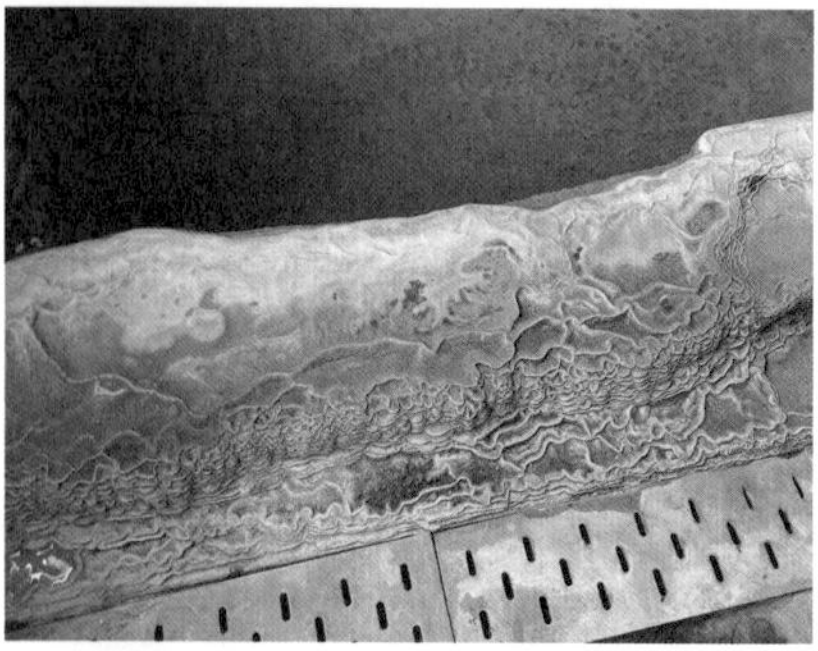

この凝固物はなかなかありません

最強の凝固温泉

宮城県大崎市鳴子温泉末沢西17-3

浴槽の温泉表面に、カルシウム分の膜が張っているのが見えますか？　パリパリです。

わが国には、こんなに凝固分が強烈な温泉もあります。

ナトリウム・カルシウム－硫酸塩・炭酸水素塩泉です。

浸かると、ずっしりと温泉成分が体にまとわりつきます。ほんの短い時間でも、かなり疲れます。良い温泉の証拠です。

鳴子温泉は個性的な泉質の温泉が多いという点で、最強の温泉地です。ある意味、別府温泉や草津温泉よりもすごい。

この旅館は地元の観光協会に入っていないようで、知名度はあまりありませんが、ものすごい泉質です。

浸かった瞬間に、それまでの温泉の概念が変わります。

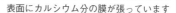

39
宮城県

峩《が》々《が》温泉

いつまでも入っていたい貸し切り露天風呂

蔵王《ざおう》国定公園内の、山の中の一軒宿です。携帯電話は使えません。かなりの秘湯です。ナトリウム・カルシウム－炭酸水素塩・硫酸塩泉です。

貸し切り露天風呂と混浴露天風呂に加えて、男女別内湯と露天風呂があります。

貸し切り露天風呂は木造、板張りの浴槽で、大変風情があります。

浴槽にはカルシウム分が凝固しています。少しとろみがありマイルドな泉質です。このレベルの泉質は、なかなかありません。

飲泉もできます。薄塩味で、ミネラルを含んでいます。「胃腸の湯」というだけあって、いかにも胃腸に良さそうな泉質です。

秘湯でありながらも、磨き上げられた感の漂う、センスの良い旅館です。

入り口は男女別の混浴露天風呂

これほどの秘境に立派な建物が

宮城県柴田郡川崎町大前川峩々1

40
秋田県

杣《そま》温泉

湯の沢湯本杣温泉旅館

心身ともにリラックスできる露天風呂

ここはかなりの秘湯です。たどり着くまでに結構苦労します。

ひなびた建物が素晴らしい。それにしても立派です。よくこんな山の中に、これほど立派な建物を造られたと思います。

それに、開放的な混浴の露天風呂が渋い。

ナトリウム‐硫酸塩泉がかけ流されています。体によくなじむ、やわらかい泉質です。思わず「はあーっ」と息を吐いてしまいます。心身ともにリラックスできます。

天気が良ければ満天の星も見られます。ただ、夜の露天風呂は何が出るか分からない怖さがあります。

おそらく、秘湯のイメージが一番ぴったりくる非日常的な旅館じゃないかと思います。

シンプルな源泉かけ流しの内湯

秘湯と立派な建物のギャップ

秋田県北秋田市森吉湯ノ沢7

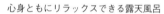

41
秋田県

強首《こわくび》温泉　樅峰苑《しょうほうえん》

見事なまでに濃い茶色の源泉

重厚な建物は一見の価値あり

内装もすごい

秋田県大仙市強首強首268

「強首」の由来は、いろいろ説があるようですが、「人柱になった人の名前」が有力だそうです。

登録有形文化財になっている建物が立派で、庄屋の母屋だそうです。この重厚な建物は、内装も含めて一見の価値があります。

含ヨウ素－ナトリウム－塩化物泉で、非常に珍しい泉質です。

濃い茶色がインパクト大でしょう。少し化学薬品っぽい臭いがして、かなり独特です。ヨウ素が影響しているのだろうと思います。

浸かると、ずっしり体に重たい感じがします。ほんの少しの時間で、ぐったりします。

塩分が強くて温泉成分が濃厚な、いかにも効きそうな泉質です。

42
秋田県

小《お》安《やす》峡《きょう》温泉　多郎兵衛旅館

旅館の名前が入った陶喜の湯

どこか秘密の部屋のような三宝の湯

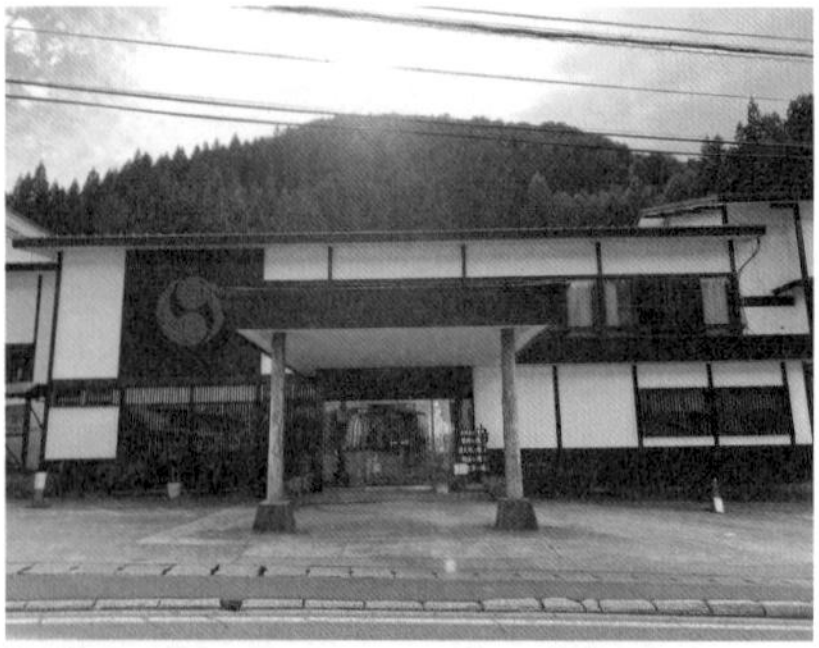
浴槽にこだわりのある、しゃれた高級旅館

秋田県湯沢市皆瀬湯元121-5

アルカリ性単純泉がかけ流されています。

無色透明ですが、少し硫黄臭がします。肌になじむ優しい感じの泉質です。

浴槽が凝っています。「陶喜の湯」という陶器の浴槽と、「三宝の湯」という離れの湯です。

どれも風情があるでしょう。合計4カ所の湯治場的な趣のある温泉に入れます。

江戸時代から連綿と続く湯守さんは、現在12代目です。スタッフ一人一人の温かさと人柄の良さを感じます。

古き良き日本をイメージする、リーズナブルな高級旅館です。

源泉が岩から噴出している小安峡のすぐ近くです。ひなびた温泉地に、これほどのしゃれた旅館があるとは驚きです。

爆発的かつ断続的な源泉を噴射

43
秋田県

男鹿《おが》温泉郷
なまはげの湯 元湯雄山閣

なんといっても「なまはげ」が売りです。

　なまはげの口からナトリウム-塩化物泉が噴き出すのがすごい！　常時噴き出すのではなく、ブシューブシューと爆発的かつ断続的に噴いています。油断していると、頭や髪に源泉がかかります。

　しかも、凝固分が非常に多い。内湯も露天風呂も、浴槽の内外に温泉成分が現在進行形で凝固しています。固まる前のぶよぶよした状態のところもあり、すごいことになっています。

　男鹿温泉は源泉かけ流しが多く、良い温泉地ですが、やはり旅館やホテルによって源泉の濃さと泉質が違います。

　この旅館は、温泉に浸かるとくたくたになるくらい、温泉成分が濃厚です。もてなしも素晴らしいです。

浴槽の縁は凝固物がびっしり

温泉地の至る所になまはげがいます

秋田県男鹿市北浦湯本草木原52

44

秋田県

南《なん》郷《ごう》夢温泉　共林荘

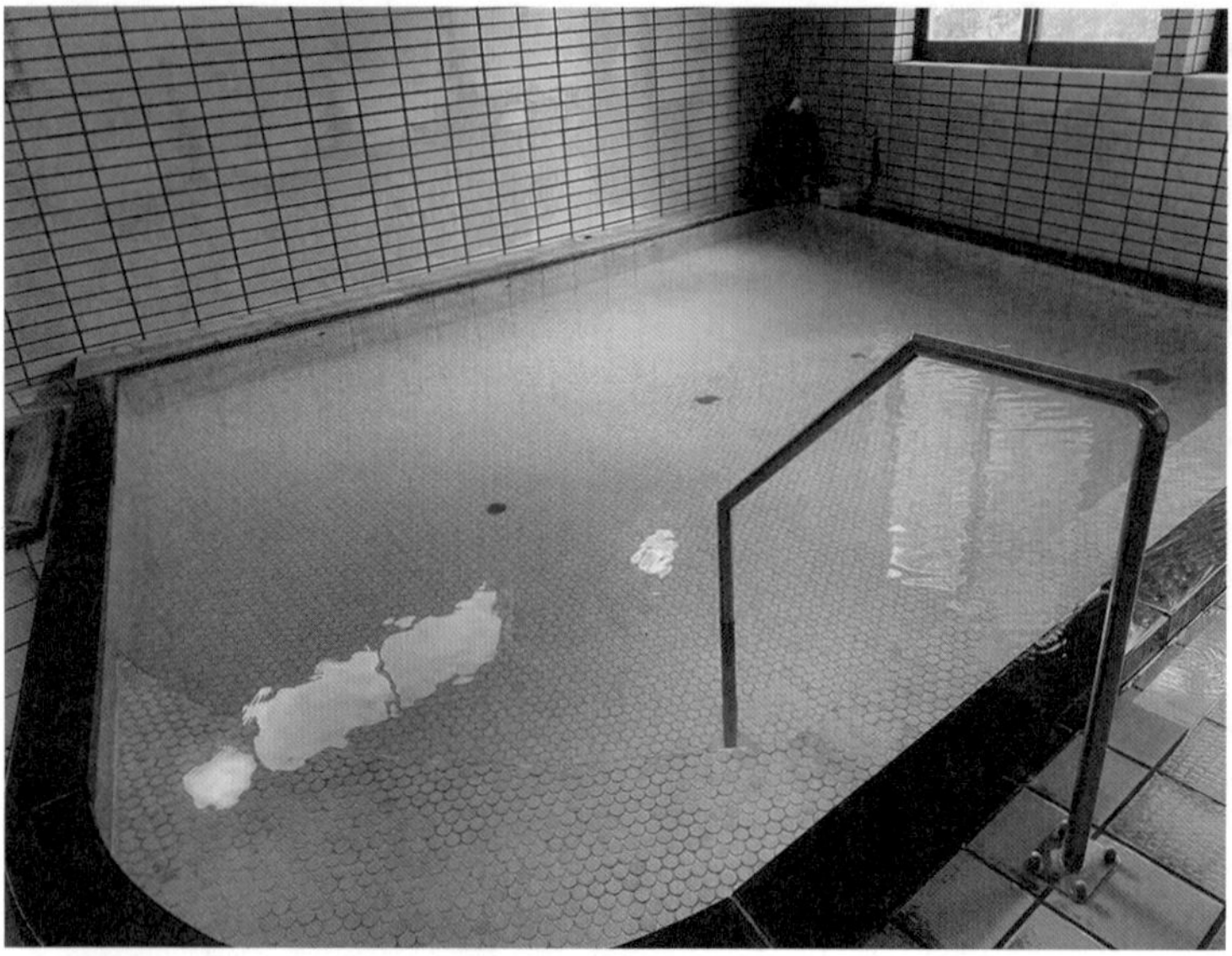

日によって色が変わるアルカリ性硫黄泉

アルカリ性硫黄泉という珍しい泉質です。

「横手焼きそば」の名店がひしめくJR横手駅から、車で20分ほどの場所にあります。

硫黄臭と油臭がする独特の泉質です。浸かるととろみがあり、しっとりとした肌触りです。

日によって温泉の色が変わり、白濁したり、エメラルドグリーンになったりするそうです。

こういった所は、源泉が新鮮で温泉成分も濃いので、良い温泉が多いです。写真は少し薄濁りの時です。

新館では、別源泉のアルカリ性単純泉にも入れます。こちらは、つるつる感があります。

2種類の高品質な源泉だけで勝負できる旅館です。

新館のアルカリ性単純泉

泉質で勝負できる旅館

秋田県横手市山内南郷大払川139-1

45
秋田県

乳頭温泉郷　孫《まご》六《ろく》温泉

青みがかった泉質の混浴、石の湯

乳頭温泉の旅館は、どこも源泉かけ流しで、それぞれ泉質が異なる、良い温泉です。

　孫六温泉が、乳頭温泉の中で一番素朴かつひなびていて、秘湯っぽい感じがします。同じく秘湯の黒湯温泉が近くにあります。

　混浴の「石の湯」の青みがかった源泉がきれいでしょう（メイン写真）。

　温泉分析書には硫黄泉とありましたが、泉質的には硫黄泉っぽくありません。さまざまな温泉成分が満遍なく溶け込んだ感じのする、濃厚な泉質です。

　金属臭がして、浸かるとつるつるすべすべで、じわーっと効いてきます。

　混浴露天風呂の方は、単純泉で無色透明です。男女別の単純泉の「唐子の湯」もあります。

開放的な混浴露天風呂

秘湯の乳頭温泉の中でも、かなりの秘湯

秋田県仙北市田沢湖田沢先達沢国有林3051

46
秋田県

八幡平温泉
八《はち》幡《まん》平《たい》後《ご》生《しょう》掛《がけ》温泉

「ザ・湯治場」という感じの生活湯

単純硫黄泉です。灰色に濁っていて、底には泥がたまっています。

　すぐ近くの山で、ものすごい量の源泉が湧出しています。その一部を利用しています。

　浴室の雰囲気が湯治場っぽくていいでしょう。これほどの雰囲気を醸し出す温泉は珍しいです。

　灰色に濁った源泉がかけ流される浴槽の他、ヌルヌルの泥がたまっている「泥風呂」や、ボコボコ泡が出ている「火山風呂」、首だけ箱から出す「箱蒸し」など、湯治場の雰囲気がかなり色濃く残っています。

　これらの浴室と浴槽、部屋の快適さ、創作料理と、魅力の多い旅館です。

　私は、ここと蒸《ふけ》ノ湯温泉、大深《おおぶか》温泉を「八幡平湯治場トリオ」と命名しています。

本格的な泥風呂

八幡平の湯治場

秋田県鹿角市八幡平熊沢国有林内

47
秋田県

秋の宮温泉郷　鷹の湯温泉

混浴の大浴場、四つ浴槽があります

やわらかい泉質の露天風呂

磨き上げられた秘境の温泉旅館

秋田県湯沢市秋ノ宮殿上1

ナトリウム－塩化物泉です。ご家族で秘湯を守っておられる感じのする旅館です。

秋の宮温泉郷は、何軒か旅館がある秘湯の温泉地ですが、ここは実に手入れの行き届いた感じがします。

浴槽が四つある混浴の大浴場が素晴らしい。

向かって左の細長い浴槽は、深さが85センチメートルあります。かなり深いので、中座浴で入ることになります。源泉のやわらかさと滑らかさを体感できます。

一言で言うと、品のある塩化物泉です。

どこか幸せを感じるような泉質とでもいいましょうか、実に癒やされます。

男女別の露天風呂と、混浴露天風呂もあります。

旅館の規模に比べて浴槽の数が多く、飽きません。

48
秋田県

金《この》浦《うら》温泉　学校の栖《すみか》

かなり冷たい源泉浴槽、体に染みる

加温すると白湯になります

廃校をリフォームした温泉

秋田県にかほ市前川菱潟1

「学校の栖」という名前がすごいでしょう。

廃校を転用した温泉は、全国にいくつかあります。有名どころでは、乳頭温泉郷 大釜温泉などがあります。

ここは小学校が廃校した後、温泉に転用されました。

20度くらいの硫黄泉の源泉浴槽が、かなり冷たいです。硫黄の成分が体に染み込んで、しばらく全身から臭いが取れないくらい「濃い」です。

加温した硫黄泉の浴槽もあります。加温すると、きれいに白濁します。硫黄泉とはいっても、刺激の少ないマイルドな優しめの硫黄泉です。

冷たい源泉浴槽の横には、北投石《ほくとうせき》を入れた人工のラジウム泉もあります。

質の高い源泉をうまく利用し、上手にリフォームしています。

49 秋田県

森《もり》岳《たけ》温泉郷 森岳温泉ホテル

ナトリウム・カルシウム－塩化物泉です。

建物も中も大変きれいで、日本屈指の「しょっぱい温泉」を売りにした旅館です。

確かに、しょっぱいです。しかしそれだけでなく、昆布だしが利いているような感じの「うまい」源泉です。

少し薄濁りで、浸かると体にピリッときます。

塩分が濃いので当然かもしれません。

さらには塩分だけでなく、源泉そのものの濃さを感じます。

殺菌作用も相当強いのでしょう。けがをしていると、相当染みるだろうと思います。

この温泉地には、いくつか旅館があるようですが、源泉かけ流しはここだけだそうです。

昆布だしが利いた強塩泉

バルブをひねると源泉がドバドバ

秋田県山本郡三種町森岳木戸沢115-27

50 秋田県

湯ノ神温泉 神《しん》湯《とう》館《かん》

ナトリウム・カルシウム－塩化物・硫酸塩泉です。

実にシンプルな浴槽が一つだけで、五人ほど入るといっぱいになります。

薄濁りの源泉です。キシキシとした肌触りで、しっとりします。

熱めの源泉です。じわーっと温泉成分が染み込んできます。

芳しい石こう臭がします。

飲泉は少し甘い感じがします。

あまり温泉分析書には触れないようにしていますが、ここはさまざまな成分が含まれている独特の泉質です。

浸かると源泉の品質の良さを感じます。源泉の注入口に凝固した温泉成分が、それを物語っています。

建物はかなりレトロで、湯治場的な感じです。

日帰り入浴の地元の方が多いようです。

シンプルな浴槽に薄濁りの源泉

湯治場的な風情

秋田県大仙市南外湯神台72-3

51
秋田県

打《うっ》当《とう》温泉 秘境の宿 マタギの湯

源泉の注ぎ口がクマ

広々とした源泉かけ流しの内湯

秘境の宿と銘打っているところがすごい

秋田県北秋田市阿仁打当仙北渡道上ミ67

名前のとおり、秘境にあります。熊鍋定食や熊ラーメンがありますが、クマは地元でなく、田沢湖の方で捕られているそうです。

マタギやクマを前面に出した旅館です。秘境の割には、建物が立派です。

ナトリウム・カルシウム－塩化物泉です。

緑白色の塩味の源泉がかけ流されています。どこか薬品のような金属臭がします。

浸かるとキシキシした感じで、温泉成分の濃さを感じます。

露天風呂の源泉の注ぎ口のクマが渋い！

内湯は広々としています。旅館の規模からすると、かなり大きな浴槽です。ゆったり入れます。

この旅館は、とことんクマで勝負しています。

52
秋田県

南玉川温泉
湯宿　はなやの森

目にも鮮やかなみかん色の温泉

内湯もこってりの源泉かけ流し

秘境の一軒宿

かなりアクセスが困難な場所にあります。

露天風呂は太陽光を浴びて、目にも鮮やかなみかん色になります。

ナトリウム‐硫酸塩泉です。敷地内から源泉が湧出しています。

約60度の源泉が毎分300リットルということですから、湯量に恵まれています。

源泉には、二酸化炭素もかなり含まれています。源泉は透明ですが、酸化して写真のようなみかん色になります。

鉄分を含んで茶色になる温泉はいくつかありますが、みかん色は非常に珍しい。

浸かると、ずっしりとした泉質の濃さを感じます。浴槽の中には温泉成分が至る所で凝固しています。

秘湯ですが、建物は快適でしゃれています。

秋田県仙北市田沢湖玉川328

53
秋田県

水沢温泉郷　駒ヶ岳温泉

厳かな湯治場風の内湯

貸し切りの露天風呂にも、とろみのある源泉

一言で言えば、ハイセンスな秘湯

秋田県仙北市田沢湖生保内下高野80-68

含硫黄－カルシウム・マグネシウム・ナトリウム－硫酸塩・塩化物泉です。

水沢温泉露天風呂の近くです。

なかなかしゃれた建物で、高級感があります。

秋田駒ヶ岳の中腹から湧出している源泉で、薄濁りです。とろみがある泉質です。温泉成分の濃さを感じます。

浸かると少しヌルヌル感があり、微かに硫黄臭を感じます。

内湯と露天風呂、貸し切り風呂があります。

内湯は、木造の浴室とガラス窓が目を引きます。これが湯治場的な雰囲気を醸し出し、風情があります。

乳頭温泉「鶴の湯」の姉妹館です。ここに泊まると鶴の湯にも入れるそうです。

ハイセンスな秘湯です。

54
山形県

銀山温泉
古勢起《こせき》屋別館

ひょうたん型のぬっくりの金太郎湯

金太郎と大鯉

見事な木造４階建て

山形県尾花沢市銀山温泉417

銀山温泉は、このような木造の古い建物の旅館が軒を連ねています。大変風情のある温泉地です。

建物がすごいでしょう。大正時代に造られた木造４階建てです。

それから浴槽が渋い。「ぬっくりの金太郎湯」と名付けられています。ひょうたん型の手前の大きい方が、ぬるめです。「ほっこりのちか湯」は、ステンドグラスがきれいです。

ナトリウム－塩化物・硫酸塩泉がかけ流されています。硫黄の芳しい香りと、ずっしりとまとわりつくような泉質です。

現在の経営者は、14代目の小関吉左衛門さん。代々その名前を名乗るのだそうです。事業承継がうまくいっている家系です。

55
山形県

東根温泉　旅館さくら湯

コーヒー色で油臭のする源泉かけ流し

東根温泉は、源泉かけ流しが多い温泉地です。

　ここは、ナトリウム－塩化物・炭酸水素塩泉です。

　コーヒー色で少し油臭のする、まったりした感じの温泉です。

　浸かるとつるつる感がします。浴槽の中でも、ずるっと滑りそうになるくらいです。

　東根温泉は源泉が熱く、旅館によっては入るのに苦労するのですが、この旅館は水を入れることができて助かります。

　こういった何気ない心配りがありがたいです。

　こぢんまりした感じで、手入れが行き届いています。浴室の床の桜の絵も見栄えがします。

　もてなしが良く、コストパフォーマンスの印象も良い旅館です。

旅館の名前を示す桜の絵

こぢんまりとしたもてなしの良い旅館

山形県東根市温泉町1-9-3

56
山形県

湯の瀬温泉
湯の瀬旅館

山形県鶴岡市の奥座敷、湯田川温泉から車で15分くらいの場所にあります。

　アルカリ性単純泉です。

　この大浴場すごいでしょう。混浴ですが、広いのであまりそれを意識することがありません。これくらい広いと、女性も安心して混浴に入れるのではないでしょうか。

　大浴場は深い所で１・２メートルほどあり、子どもたちが浮輪で遊んでいます。

　浸かると、やわらかく肌によくなじむ感じがします。ミネラル豊富なレベルの高いアルカリ性単純泉です。

　湯量が本当に多いです。

　ここは、料理もすごいです。これでもかというくらい、食べきれないほどおいしい海の幸が出て驚かされます。日本海側に近いからかもしれません。

全国屈指の広大な混浴風呂

温泉力を感じさせる旅館

山形県鶴岡市戸沢神子谷103-2

57
山形県

白布温泉
湯滝の宿　西屋

白布温泉は米沢八湯の一つで、何軒か旅館があります。カルシウム－硫酸塩泉が、打たせ湯のようにドバドバかけ落とされています。

　無色透明ですが、まろやかで肌になじむ感じが実に気持ちいい。

　石造りの浴槽もなかなか渋いです。

　浴槽の縁からドバドバと源泉があふれています。シャワーやカランはありません。湯治場的な雰囲気の浴槽です。

　茅葺《かやぶき》の建物がいいでしょう。このような旅館は、本当に少なくなりました。メンテナンスが大変らしいです。雪深い米沢市でこの建物を長年維持されているだけでもすごいです。

　建物の中の薄暗い感じも、どこか懐かしい感じがします。

湯量が豊富な打たせ湯

茅葺の古風な建物

山形県米沢市関1527

58
山形県

小野川温泉　うめや旅館

小野川温泉は、平安時代の歌人で絶世の美女といわれる、小野小町に由来する温泉地です。

源泉かけ流しが多く、ひなびた温泉街は実に趣があります。

半沢八湯の一つです。

含硫黄‐ナトリウム・カルシウム‐塩化物泉です。

薄濁りの温泉臭が強い源泉です。キシキシした感じで、やや苦味があります。

小野川温泉の二つの源泉のうち、ここは温度が高く温泉成分の濃い源泉を使用しています。

他の旅館の温泉と比べると、確かに泉質の濃さを感じます。

どこの源泉を使っているかは重要です。

小野川温泉には「尼湯」という共同湯もあります。

濃厚な四号源泉

小野小町に由来するといわれる温泉

山形県米沢市小野川町2494

59
山形県

かみのやま温泉　ふぢ金旅館

ナトリウム・カルシウム‐塩化物・硫酸塩泉です。

かみのやま温泉は、名月荘などの高級旅館から、ここのようなひなびた旅館までバラエティーに富んだ温泉地です。

「下大湯」をはじめとする共同湯もあります。源泉かけ流しもまあまあ多い、個人的に好きな温泉地です。

ふぢ金旅館は、少しとろみのある石こう臭のするレベルの高い泉質です。浸かると、源泉が肌によくなじむ感じがします。

ひなびた浴槽がいいでしょう。湯口にはカルシウムの析出物が凝固しています。

源泉が熱いので、人の出入りがない時間が続くとやけどをするかもしれません。

源泉の注入量を絞って水を入れると、しばらくしてから入れます。

とろみと石こう臭を感じる源泉

さまざまな旅館が立地する温泉地

山形県上山市湯町4-1

60
山形県

滑川《なめがわ》温泉　福島屋

ヌルヌル感のある硫黄泉

含硫黄－ナトリウム・カルシウム－炭酸水素塩・硫酸塩泉です。

石造の浴槽と、青白く濁った源泉が良いでしょう。湯治場的な雰囲気が色濃く残る旅館です。

浴室に入った瞬間、硫黄の臭いに包まれます。

浸かると、とろみがありヌルヌルした泉質に、やわらかさを感じます。


姥湯《うばゆ》温泉、桝形屋の近くです。とはいっても、歩いて1時間少しかかります。若い頃に一度徒歩で移動したことがあります。かなりの秘湯です。

宿までは、JR峠駅から送迎の車で20分ほどです。この駅が、かなりすごい。電車の本数が少なく、下車する人も少ない。巨大なスノーシェルターがあります。

山の中の秘境にある一軒宿

峠駅のスノーシェルター

山形県米沢市大沢15

61
山形県

姥《うば》湯《ゆ》温泉　桝形屋

夕方の幻想的な姥湯露天風呂

ご覧のとおり、見事なまでの青白色の硫黄泉です。

露天風呂の上の方から、湧出したばかりの新鮮な源泉がそのままかけ流されています。

三つある露天風呂は、インパクトがあります。季節や時間によって、印象が変わります。夕方と朝でも、見た感じが違います。実に絵になる光景です。

浸かると、源泉のこってり感があります。芳しい硫黄臭に包まれます。至福の瞬間です。

露天風呂は混浴の時間帯があり、女性も入っています。

私はたいてい、最寄り駅まで迎えにきてもらうのですが、一度知人と車で来たことがあります。かなり険しい道を上るので怖かったです。

秘境の中の一軒宿ですが、建物の中は実に快適です。

朝の姥湯露天風呂

これほどの秘境に、よくこれほどの建物を造られました

山形県米沢市大沢姥湯1

62
山形県

肘《ひじ》折《おり》温泉　ゑびす屋旅館

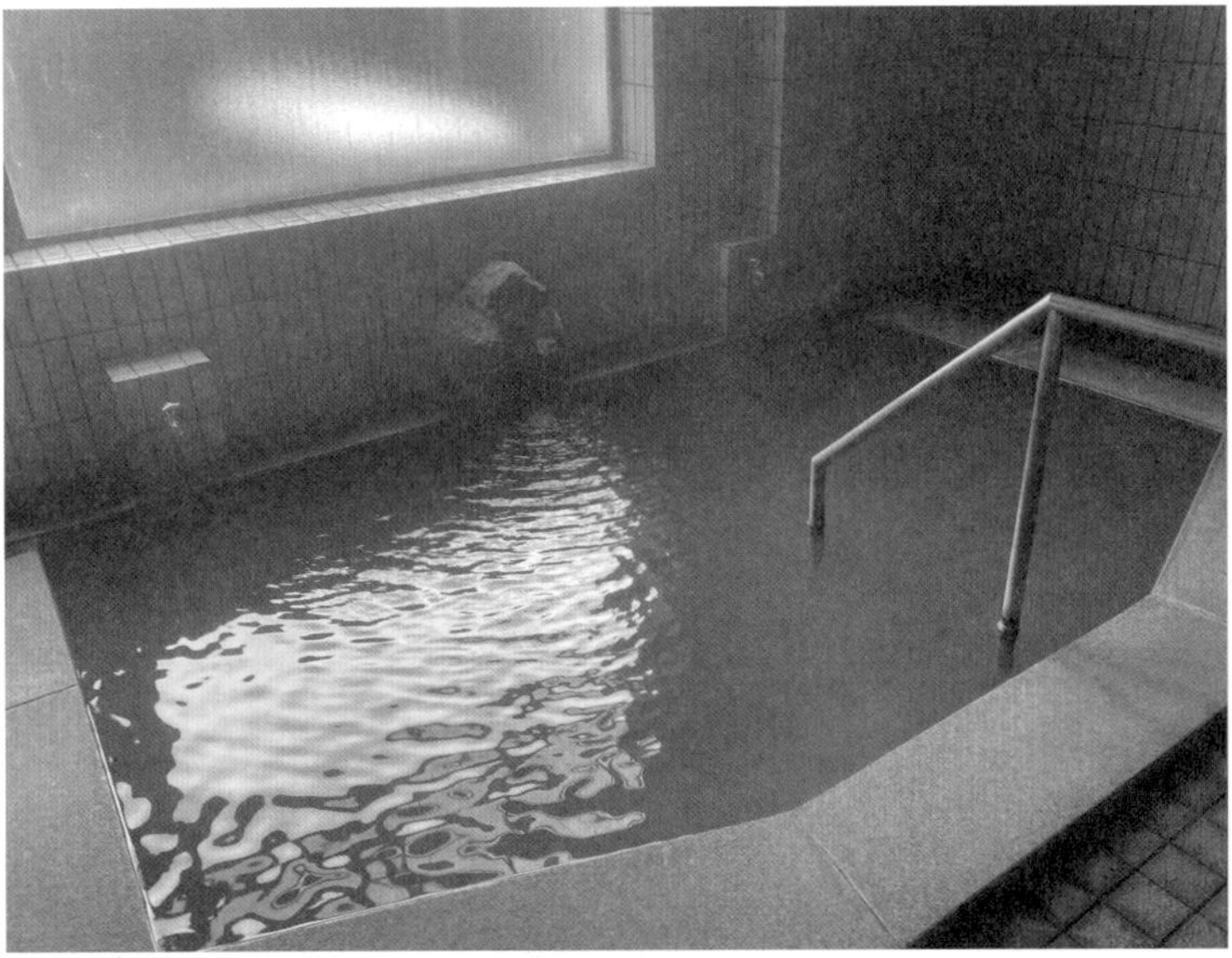

緑白色の鮮やかな内湯

ナトリウム－塩化物・炭酸水素温泉です。

肘折温泉らしい、緑白色のきれいな色で、とろみのあるまったりしたお湯です。

建物の中はしゃれています。ご主人は音楽好きなようで、感じの良い曲が流れています。

貸し切り風呂は、少し泉質が違うようです。こちらの方が、内湯と比べて少し濃厚な感じがします。

肘折温泉は湯治場の面影と朝市の伝統を持つ、良い温泉地です。道の両脇に旅館が立ち並んでいます。

大型のホテルがなく、古き良き日本の温泉地というイメージです。

「上の湯」という共同湯が、旅館のすぐ前にあります。「石抱《いしだき》温泉」という野湯も、この旅館が管理しています。

少し青みがかった貸し切り風呂

湯治場的な温泉街のしゃれた旅館

山形県最上郡大蔵村南山526

63
山形県

肘《ひじ》折《おり》温泉
手彫り洞窟温泉　松屋

人の手で彫られた洞窟風呂

洞窟の途中

内部に洞窟風呂があるとは思えません

山形県最上郡大蔵村南山498

ナトリウム－塩化物・炭酸塩泉です。

　旅館の外観からは想像がつきませんが、手彫りの洞窟風呂（貸し切り）があり、入り口から20メートルほど少ししゃがんで向かいます。

　これほど本格的な洞窟を歩いていく温泉は、全国的にも珍しいです。

　洞窟の奥に浴槽があり、これがなかなか渋い。肘折温泉の源泉らしく、緑灰色《りょくかいしょく》に濁っています。

　浸かると、キシキシした肌触りです。

　温泉成分の濃厚さを感じます。時間がたつのを忘れてしまうくらいの幸福感に包まれます。

　内湯もあります。こちらも緑灰色の源泉がかけ流されています。

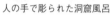

64
山形県

瀬見温泉　喜《き》至《し》楼《ろう》

ローマ式千人風呂

瀬見温泉は、何軒かの旅館と共同湯がある、ひなびた温泉地です。武蔵坊弁慶が発見したと伝えられています。

ナトリウム・カルシウム－塩化物・硫酸塩泉です。

微かな金属臭がして、しっとりとした肌触りの良い泉質です。

浸かるとじんわり体の芯まで温まって、なかなか汗が引きません。

写真は本館の「ローマ式千人風呂」です。混浴ですが、時間帯によって男性専用、女性専用となります。これ以外にも、別館の「オランダ風呂」など浴槽に凝った旅館です。

建物の中がすごい。まるで明治か大正時代にタイムスリップした感じがします。

一つ一つの装飾や置き物が大変レトロで凝っていて、見る価値があります。

レトロな内部も必見

管内で湯巡りが楽しめる

山形県最上郡最上町大堀988

65 福島県

宮下温泉　栄光館

ＪＲ只見線沿線には、レベルの高い温泉が多いです。

この旅館は、会津宮下駅から歩いていけます。

ナトリウム－塩化物泉で、黄土色の薄濁りの温泉です。夕方と朝でお湯の色が相当変わるくらいの濃い泉質です。

さらさらした肌触りですが、じわーっと温まってきます。

旅館全体がこぎれいで、料理も手作りでおいしい。


部屋から見下ろせる只見川の緑色が、実にきれいです。

日本酒のチョイスも素晴らしい。利き酒セット4種類を4杯、普通のコップに入れてくれます。「これ全部飲み干せる人はいるんですか？」と尋ねると、年に何人かいるそうです(^^)。

家族ぐるみの温かみのある総合力の高い旅館です。

黄土色の濃厚な温泉

只見線沿線の、総合力が高い旅館

福島県大沼郡三島町宮下塩水4113

66 福島県

会津西山温泉　滝の湯

含硫黄－ナトリウム－塩化物泉です。

源泉は少し緑色がかっていて、湯の花が浮いています。

この温泉地の旅館3軒は、すべて源泉かけ流しです。山奥の秘湯です。

滝の湯の露天風呂は、一部の時間帯を除いて混浴です。

静寂な空間で、川のせせらぎの音しか聞こえません。そのため、落ち着いて長湯してしまいます。

内湯は男女一つずつです。共同源泉と自家源泉をそれぞれ引いていて、微妙に泉質が異なります。

浸かると、滑らかでしっとりした感じです。

とろみのあるやわらかい源泉が、全身を包み込んできます。

温泉分析書には表れない泉質の良さを感じます。

静寂が落ち着きを誘う露天風呂

湯治場的な旅館が多い温泉地

福島県河沼郡柳津町砂子原長坂829

67
福島県

赤湯温泉　好山荘

赤茶色の源泉の内湯

白濁の硫黄泉の露天風呂

道路から少し入った所にある一軒宿

福島県福島市土湯温泉町鷲倉山1-6

赤湯温泉という名前は、この好山荘の他、4～5時間歩かないと行けない新潟県の赤湯温泉山口館、山形県の温泉地があります。山形県の赤湯温泉は、いくつか旅館や共同湯があります。

好山荘は道路から少し奥まったところにあり、全体的に湯治場的な雰囲気の旅館です。近くに野地温泉ホテルや新《しん》野《の》地《じ》温泉相模屋、鷲倉温泉があります。

内湯のひなびた雰囲気がいいでしょう。温泉分析書では単純泉となっていますが、鉄分と炭酸分をたくさん含む赤茶色の濁り湯で、ずっしりと重たい感じの泉質です。

露天風呂は、白濁した硫黄泉がかけ流されています。硫黄臭が強烈な良い泉質です。紅白2種類の源泉が楽しめます。

68
福島県

新《しん》野《の》地《じ》温泉　相模屋旅館

温泉蒸気が吹き上げる露天風呂

赤湯温泉好山荘と同じ、土《つち》湯《ゆ》峠《とうげ》にある温泉です。

露天風呂の白濁した濃い硫黄泉がいいでしょう。ここは硫黄臭がかなり強烈です。

浸かると、硫黄分の刺激を感じます。地中から湧出したばかりの鮮度が高い硫黄泉だからだと思います。

露天風呂は、見た目も実にワイルドです。少し歩くのですが、地面の至る所から温泉と蒸気が噴き出しています。

旅館の敷地内にこれほど蒸気が噴き上げているところは珍しいです。温泉力が高い素晴らしい温泉地で、地熱を感じます。内湯も湯治場っぽく、風情があります。

ホテルは鉄筋で大変快適です。土湯温泉から車で約25分の場所にあります。

土湯峠一帯は、源泉かけ流し温泉の宝庫です。

湯治場の雰囲気がある内湯

土湯峠は秘湯の宝庫

福島県福島市土湯温泉町野地2

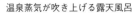

69
福島県

幕《まく》川《がわ》温泉　水戸屋旅館

メガネ型のインパクトがある浴槽

公共交通機関で行ける土湯温泉から、車でさらに山道を50分ほど行きます。当然、冬場はやっていません。

ホンマモンの秘境ですが、よくこれほどの立派な建物を建てられたと思います。

硫黄泉と単純泉の2種類の源泉をかけ流しています。硫黄泉がかけ流されたメガネ型の浴槽は、インパクトがあります。

内湯の単純泉もしっとりすべすべ感があって、良い泉質です。

写真はありませんが、混浴露天風呂も渋い。白濁がきれいなのです。

夜、真っ暗な野原を懐中電灯で照らしてたどり着いた時は、本当に怖かった。

レベルの高い、かけ流しの温泉をじっくり楽しめる秘湯です。

湯治場的な単純泉の内湯

標高1300メートルに位置する

福島県福島市土湯温泉町鷲倉山1-3

広々とした大気の湯

70
福島県

高湯温泉　安達屋

青白色の源泉が蓄えられた内湯

源泉かけ流し宣言の温泉地

福島県福島市町庭坂高湯21

高湯温泉は、蔵王温泉、白《しら》布《ぶ》温泉とともに「奥《おう》州《う》三《さん》高《たか》湯《ゆ》」と呼ばれます。

この温泉地は、標高７００メートルくらいの所にあります。

含硫黄‐アルミニウム・カルシウム‐硫酸温泉です。

青白く濁った源泉が美しく、硫黄臭がかなり強烈です。

浸かるとこってりした肌触りで、芳しい硫黄臭に包まれながら至福の時を過ごせます。

「大気の湯」と名付けられた露天風呂が実に爽快です。内湯も湯治場の雰囲気があります。

高湯温泉は「源泉かけ流し宣言」をしています。何軒か旅館があって、日帰り施設もありますが、どこもそれぞれ源泉かけ流しで個性的な浴槽の温泉地です。

71 福島県
湯《ゆ》野《の》上《かみ》温泉　一宿一飯のOnsenハウス しみずや

湯野上温泉は、民宿が多くてひなびた温泉地です。

その中でも、ここは自家源泉を持っています。

源泉が熱いので、「適当にホースで水を入れて好きな温度にしてください」という感じです。ワイルドな源泉の使い方です。

単純泉ですが、やわらかくて飽きのこない良い泉質です。

こういった歴史のある温泉地の単純泉は、さまざまな温泉成分が少しずつ満遍なく含まれていて、源泉の泉質が実にやわらかく仕上がっていると思います。

しみずやの特徴は、露天風呂の観音像です。実物はかなりインパクトがあります。

昼間は特に何も感じなかったのですが、夜に露天風呂に行った時はかなり怖かった(^^)。

観音像がインパクトのある露天風呂

民宿が多い温泉地の中の旅館

福島県南会津郡下郷町湯野上居平762

72 福島県
会津東山温泉　渓流の宿 東山ハイマートホテル

ナトリウム・カルシウム－硫酸塩・塩化物泉です。東山温泉で自家源泉を持っているところは、少ないそうです。

浴室と浴槽のレトロ感がいいでしょう。露天風呂はありません。泉質が良ければ、無理して造る必要はありません。

この温泉は、浸かると妙に落ち着きます。不思議な癒し効果があります。

ご主人は源泉に大変こだわりがあり、源泉に関するお話をしてくれます。こういう旅館の泉質は、素晴らしいに決まっています。

浸かると少しとろみがあり、じわーっときます。

温泉臭が実に芳しい。源泉の鮮度を感じます。相当還元力が強いのだろうと思います。

湯口のカルシウム分の白い凝固が、泉質の良さを物語っています。

源泉かけ流しにこだわった浴槽

東山温泉の入り口近くにある

福島県会津若松市東山町湯本滝ノ湯109

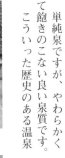

73
福島県

桧《ひ》原《ばら》温泉 温泉民宿たばこ屋

桧原湖のほとりにあります。

アルカリ性単純泉で泡付きが良く、新鮮な源泉です。

浸かると、全身に気泡が付きます。

源泉がかけ流されている所では、泡が白く濁っています。こういった温泉は細かい気泡が温泉中に含まれていて、実に爽快です。

シンプルな浴槽がいいでしょう。男女内湯が一つずつです。


単純泉ですが、さまざまなミネラルを満遍なくたくさん含んだ濃い泉質です。浸かると、つるつる感とすべすべ感があります。

玄関を入ると、宿の子どもと近所の子どもたちが勉強していて、こんにちはとあいさつしてくれました。大変アットホームで、人当たりの良い民宿です。

泡付きの良い源泉

民家そのものの外観

福島県耶麻郡北塩原村桧原道前原1131-75

74
福島県

会津中ノ沢温泉 いろり湯の宿 大阪屋

鮮やかな青白色の硫黄泉です。

源泉は沼尻元湯です。

硫黄臭立ち込める沼尻元湯には、1分間当たりなんと1万リットルもの源泉が湧いています。

それを6キロメートル引き湯しています。そんな距離を引き湯すると、泉質が落ちそうですが、ここはかえって有毒ガスが抜けて〝こなれた良い泉質〟になるようです。

温泉地には、何軒か旅館があります。泉質はどこも大体同じで、すべて源泉かけ流しです。強酸性の硫黄泉なので、忌まわしい循環装置はすぐに壊れてしまいます(^^)。

露天風呂と内湯があり、しばらく人が入らないと硫黄分が底にたまります。足で底をかき回すと、透明だった温泉がすぐに青白色に濁ります。

見事なばかりの青白色の硫黄泉

引き湯ながら泉質の良い温泉地

福島県耶麻郡猪苗代町蚕養沼尻山甲2855-138

75
福島県

いわき湯本温泉 心やわらぐ宿 岩《いわ》惣《そう》

加水なし、本物の源泉かけ流し

含硫黄-ナトリウム-塩化物・硫酸塩泉で、59度の源泉をそのままかけ流しています。

いわき湯本温泉は比較的、源泉かけ流しが多いのですが、中には加水しているところもあります。

岩惣は浴槽が広いので、高温の源泉をそのままかけ流しても適温になります。

浸かると、源泉のみのかけ流しと加水との違いがすぐに分かります。体にガツンとくる感じが、まったく異なります。

浴室に入った瞬間、いわき湯本温泉独特の芳しい硫黄の香りがします。

少しキシキシした感じの肌触りですが、湯上がりは肌がすべすべになります。さすが「日本三古泉」の泉質です。

ちなみに、食事は朝食だけですが、実においしいです。

温泉成分がびっしり付着した湯口

日本三古泉の温泉地

福島県いわき市常磐湯本町吹谷39

76 茨城県

横川温泉 湯元巴《ともえ》屋《や》旅館

JR常陸太田駅から、バスで行きます。アクセス困難なかなりの秘境です。

温泉地には、旅館が3軒あります。湯元巴屋旅館は、茅《かや》葺《ぶき》屋根の建物で大変風情があります。

単純硫黄冷鉱泉です。

三人くらいでいっぱいになりそうな、こぢんまりした浴槽に、加温された源泉がかけ流されています。少し薄濁りです。

浸かった瞬間、驚きます。ヌルヌルとろとろ感がすごい。さすが源泉かけ流しです。自己責任で飲泉をすると、微かに甘みがあります。

茨城県は有名温泉地が少なく、全体的に源泉かけ流しも少ない印象ですが、ここは湯治場的な雰囲気で、源泉かけ流しを堪能できるありがたい温泉です。

ヌルヌルとろとろの源泉かけ流し

茅葺の母屋と湯屋

茨城県常陸太田市折橋町1408

77 栃木県

赤滝鉱泉

ここは十大秘湯に挙げていいと思うくらいの秘湯です。

JR矢板駅から、車で30分ほど山の中に入って行きます。

酸性‐鉄鉱泉です。

浴槽はこぢんまりとしています。というか、狭いです。pH3で、源泉温度は13・2度の冷鉱泉です。

バルブをひねると、源泉がドバドバ出てきます。これが実に酢っぱい。しかも鉄分がすごい。沸かすと褐色になります。

浸かるとキシキシした肌触りです。しばらくすると、じんわりと温まってきます。

明治の初めの創業だそうです。何から何まで本物の湯治場です。

付近には、小滝鉱泉と寺山鉱泉があります。この辺りは全国的にも大変珍しい、鉱泉密集地帯です。

pH3、13.2度の冷鉱泉

秘境の中の鉱泉密集地にある

栃木県矢板市平野1628-1

78
栃木県

塩原温泉
秘湯の宿　元泉館

邯鄲の湯

含硫黄－ナトリウム－塩化物・炭酸水素塩泉です。

合計4カ所、浴槽があり、特筆すべきは「邯鄲《かんたん》の湯」です。中国の故事「邯鄲の夢」にちなんで名付けられました。

邯鄲の街で、旅に出た貧しい若者が、波乱万丈かつ富を極めた人生を送る夢を見るものの、最後は失敗。目覚めると、まだ粟《あわ》が煮えていなかった。「人生とはかくも短いもの」という話です。

邯鄲の湯は、岩から源泉がにじみ出ていて、表面にカルシウムの膜が張っています。ぬるめで気持ちのいい温泉です。ついうとうとしてしまいます。人生の短さを実感できます。

邯鄲の湯以外にも館内に内湯があり、別館にも内湯と露天風呂があります。温泉尽くしの旅館です。

カルシウムの膜が張っています

塩原元湯温泉は旅館が3軒ある

栃木県那須塩原市湯本塩原101

79
栃木県

那須湯本温泉　雲海閣

お湯が濃厚で、湯上がりはお肌すべすべになります

薄暗く老朽化した通路を抜けた先に最高の温泉が……

個性的な古き良き温泉宿

栃木県那須郡那須町湯本33

含硫黄－カルシウム－塩化物・硫酸塩泉です。

湯治場的な浴槽に白濁の硫黄泉が、うまくマッチしているでしょう。

雲海閣はかなりひなびていて、建物はとても老朽化しています。

みしみしと軋む長い廊下を歩き、階段を下りると浴槽があります。スリルを味わえると思います。


雲海閣は素泊まりだけです。

源泉は那須温泉「鹿の湯」を引いていますが、ここの泉質の方が濃厚に感じます。泉質にこだわる方には、穴場だと思います。浴槽の壁をケロリンのおけでふさいでいるのが渋い。

ご主人は、実に気さくで面白いです。

泉質重視でひなびた旅館が好きな方には、イチオシです。

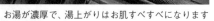

青白色の露天風呂

80 栃木県

奥《おく》鬼《き》怒《ぬ》温泉郷　日光澤温泉

ドバドバの塩化物泉

関東とは思えないくらいの秘湯

栃木県日光市川俣874

女《め》夫《おと》渕《ぶち》バス停から日光澤温泉まで、歩いて2時間くらいかかります。この辺りは、関東とは思えないような秘境です。

夜は怖いくらいの静寂、真っ暗です。天気にもよりますが、星がたくさん見えます。

含硫黄－ナトリウム－塩化物泉です。

旅館の右手を下っていくと、2種類の温泉があります。硫黄泉の青白い色がきれいでしょう。ぬるめで、とろみのある泉質です。硫黄臭が実に芳しいです。

もう一つの塩化物泉も、風情があるでしょう。ドバドバと源泉がかけ流されていて、こちらは少し鉄分を感じます。

タイプの異なる源泉は、ありがたいです。

これぞ本物の秘湯という感じの旅館です。

81
栃木県

湯《ゆ》西《にし》川《がわ》温泉　金井旅館

青いタイルが印象的な内湯

湯西川に張り出した露天風呂

目隠しのすだれがかかった露天風呂

栃木県日光市湯西川822

アルカリ性単純泉です。やや熱めですが、肌になじむ優しい泉質です。

　内湯はシンプルですが、風情があります。青いタイルの色が印象的です。

　露天風呂は湯西川に沿って張り出していて、これもなかなか風情があります。

　川に架かる橋や対岸から丸見えなので、すだれがかかっています。


　歴史ある自家源泉の強みとでもいいますか、この種類の泉質は比較的多いのですが、濃さととろみが他と違う感じがします。

　湯西川温泉は、平家の落人《おちうど》伝説が有名です。他に、祖谷《いや》温泉（徳島県）などもこの伝説で知られています。

　旅館の橋の向こうに、「薬《や》研《げん》の湯」という野湯があります。

82 群馬県

草津温泉　元湯 泉水館

草津古来の12の源泉の「君子の湯」という自家源泉を有する旅館です。

12の源泉は、いくつか枯れています。草津温泉のような湯量の多い温泉地でも、自家源泉を持っている宿は希少です。

浴槽の造りと、青光りした源泉がいいでしょう。これぞ草津の湯という感じです。

含硫黄ｰアルミニウムｰ硫酸塩・塩化物泉が、かけ流されています。

草津温泉の湯畑源泉、白旗源泉、煮川源泉とは異なり、実にマイルドでやわらかです。ピリッとする感じが少なく、肌によく染み込む感じがします。それでいて、草津特有の湯力があるように思います。

浴室は湯治場的な雰囲気ですが、建物はしゃれています。

草津十二湯の君子の湯

湯畑から少し奥に入った所にある

群馬県吾妻郡草津町草津478

83 群馬県

草津温泉　月洲屋《げっしゅう》

本物の湯治場です。

草津には何カ所か、こういう感じの旅館があります。共同湯「地蔵の湯」の向かいにあります。

看板の「勉強の旅館」というキャッチフレーズが泣かせます。昔、「勉強しまっせ」というコマーシャルがあったのを思い出します。ご主人にお聞きしたところ、関西の出身ではないそうです。しっかり宿泊代を「勉強している」そうです。感じの良いご主人です。

泉質は草津温泉の正統派、含硫黄ｰアルミニウムｰ硫酸塩・塩化物泉です。

浸かると、特に源泉が濃い感じがします。湯の花も堆積していて、かき混ぜると真っ白になります。

滞在する方の多くは、長期のようです。

濃厚な草津温泉の湯

長期滞在者の多い湯治場

群馬県吾妻郡草津町草津303

84
群馬県

万座温泉　湯の花旅館

黄みがかった独特の硫黄泉

サルノコシカケは斬新

万座温泉でひときわ目を引く建物

群馬県吾妻郡嬬恋村万座温泉2401

酸性・含硫黄－ナトリウム・マグネシウム－硫酸塩・塩化物泉です。

湯の花旅館の売りは、サルノコシカケです。

源泉の出る所に置かれています。

血液をさらさらにして制がん作用があるといわれている、あのサルノコシカケです。相当インパクトがあります。

サルノコシカケのだしが出ているのかどうか、よく分かりませんが、他の万座温泉の泉質よりもマイルドで、色も少し黄色い感じがします。

内湯の他に、露天風呂があります。

建物はひなびていますが、どことなく味があります。

温泉に入っていると、こってりした泉質の良さにただただ感動します。

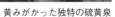

85
群馬県

磯部温泉　小島屋旅館

お湯がやわらかく、体への当たりも優しい

ナトリウム－塩化物・炭酸水素塩泉です。本物の塩が利いた、だしのような味のする源泉です。この味は、他の温泉にはありません。

しかも、浸かるとヌルヌルつるつるで、肌触りも大変珍しい。

湯上がりは、肌がしっとりします。

建物はレトロです。食事もうまい。とてもコストパフォーマンスの良い旅館です。

レトロな雰囲気を楽しめる老舗旅館

磯部温泉は、温泉記号発祥の地です。万治4年の絵図に温泉マークが描かれていたようで、駅前にレプリカの石碑があります。

江戸時代（1661年）、土地の所有権を示すために、書類にマークを付けたのが始まりです。

源泉が自然湧出する光景が想像できます。

駅前の温泉の碑には ♨ が……

群馬県安中市磯部1-13-22

86
群馬県

幡谷温泉　ささの湯

肌に張り付くような感触がある美人の湯

尾瀬の手前の片品《かたしな》村にあります。

アルカリ性単純泉で、加温加水塩素殺菌一切なしの本物の源泉かけ流しです。

純温泉協会から、純温泉に認定されたとのことです。この協会の判断は、正しいと思います。

浸かると、とろみとつるつる感があります。じわーっと肌に張りつく感じがします。

微かな温泉臭がして、源泉の鮮度を実感します。これが本物の温泉だなという幸福感に包まれます。

内湯は適温で、露天風呂はぬるめです。

こぢんまりした建物ですが、宿泊もやっています。

毎分３００リットルの源泉を惜しげもなくかけ流しています。女将さんも泉質を自慢していました。

ぬるめの露天風呂

純温泉認定の宿

群馬県利根郡片品村幡谷535

87 群馬県

湯宿温泉 湯本館

ナトリウム・カルシウム－硫酸塩泉です。

旅館の敷地内に源泉を持っています。

自然湧出の62度の源泉をかけ流ししています。

趣のある浴槽です。浸かると、これが実に熱い。我慢していると、気持ちよくなってきます。

源泉の注入口は温度を冷ますために、浴槽の縁に流しています。一滴も加水しない、素晴らしい湯使いです。

飲泉もできます。薄塩味のカルシウム風味でうまい。

湯宿温泉には4カ所の共同湯の他、何軒か旅館もあります。

ただ、熱い源泉に加水しているところとここは、泉質がまったく異なります。源泉かけ流しといっても、実はピンキリです。

熱さが病みつきになる源泉

湯本の名にふさわしい源泉かけ流し

群馬県利根郡みなかみ町湯宿温泉甲2381

88 東京都

蒲田温泉 SPA&HOTEL 和《なごみ》

JR蒲田駅から歩いていけます。

ナトリウム－炭酸水素塩泉のかけ流しです。

見事な黒色のモール泉です。敷地内に源泉が湧いています。

黒湯は東京都に何カ所か存在しますが、残念ながら循環風呂も多いようです。以前は大田区の銭湯にいくつかあったようですが、ほとんどなくなってしまいました。

源泉は17・5度で、その冷たさのままかけ流している源泉風呂に、ただただ感動します。私は、冷たさがまったく苦になりません。東京にこのレベルの温泉が存在することが、奇跡です。

浸かると肌がつるつるすべすべになり、芳しいモール泉に包まれるので、東京出張の密かな楽しみです。

黒色のモール泉

東京にこんな本物の源泉が……と思う温泉

東京都大田区西蒲田7-4-12

89
神奈川県

芦之湯温泉 きのくにや旅館

玄関前の公道に面した釜湯

箱根は、箱根八湯などのさまざまな温泉地があります。芦之湯温泉は箱根八湯の一つで、旅館が何軒かあります。

この旅館は、いくつか特徴があります。まず、玄関前の自噴アルカリ性硫黄泉です。道路に面して置かれた大釜に、ぬるめの源泉がドバドバかけ流されています。湧出したばかりの濃い硫黄泉は、かなり効きます。というか疲れます。源泉の湯あかで体が汚れます。

次に、貸し切りの「正徳の湯」です。四角の浴槽が二つあり、実に絵になります。湯治場らしい浴場です。江戸時代に創業した旅館なので、当時の温泉を再現したそうです。

浸かると、しっとりつるつるになります。本館に内湯と露天風呂などもあります。

レトロな正徳の湯

箱根八湯の一つ、芦之湯温泉の老舗旅館

神奈川県足柄下郡箱根町芦之湯8

90
新潟県

栃尾又温泉　宝《ほう》巌《がん》堂《どう》

厳かな霊泉したの湯

栃尾又温泉は「自在館」「宝巌堂」「神風館」の3軒の旅館で、源泉を共有しています。

アルカリ性放射能泉です。上の写真は「霊泉したの湯」です。厳かでしょう。湯口が独特の形状です。少し薄暗く、いかにも湯治場という感じです。

浴槽内の源泉の温度は、30度くらいです。浸かった瞬間はぬるいですが、次第にじわーっと温まります。この感じが堪りません。

ラジウム泉のホルミシス効果は、体の細胞を活性化させますが、長く浸かっているとなんとなくその効果を感じます。温泉のありがたさを実感します。

「おくの湯」という、源泉かけ流しのぬる湯もあります（左写真）。

青色のタイルが鮮やかなおくの湯

湯治場そのものの外観

新潟県魚沼市上折立60-乙

91
新潟県

三《み》川《かわ》温泉　湯元館

やわらかくてマイルドな源泉

三川温泉に旅館は4、5軒ありますが、大型のホテルは廃業したようです。

　道行く地元の方があいさつしてくれる、のどかな良い温泉地です。

　ぬるめのナトリウム-硫酸塩・塩化物泉がかけ流されています。実にやわらかくて、マイルドな飽きのこない泉質です。

　新三川温泉ホテルみかわの建物も掲載しました（左下写真）。旧三川村が多額の予算をかけて鳴り物入りで造ったにもかかわらず、3年ほど前に事実上倒産。中国人が1億円にも満たない額で買い取ったそうです。

　歩いて10分ほどの所に三川温泉があるのに、新三川温泉なるものを造る必要があったのかどうか、よく分かりません。

のどかな田園地帯にある湯元館

新三川温泉ホテルみかわ

新潟県東蒲原郡阿賀町五十沢1054

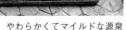

92 新潟県

月岡温泉 ゲストハウスたいよう

大正時代に石油を掘削しようとしたところ、湧出した温泉です。

新潟県は新津温泉、瀬波温泉なども同様で、油臭がします。

含硫黄－ナトリウム－塩化物泉です。

月岡温泉は、「もっと美人になれる温泉」をキャッチフレーズにしています。

私の好きな熊堂屋、浪花屋といった湯治宿が廃業してしまい、ここだけが残っています。

内湯が一つだけです。源泉は黒っぽく見えますが、手ですくうとエメラルドグリーンです。

臭いは石油というより、コールタールのような独特さがあります。

浸かると、肌がつるつるになります。

油臭漂う、肌がつるつるになる温泉

月岡温泉の中ではこぢんまりした旅館

新潟県新発田市月岡温泉370-2

93 新潟県

瀬波温泉 大和屋旅館

瀬波温泉は明治38年、石油掘削をしていて湧出した、油臭が特徴の温泉地です。

ナトリウム－塩化物泉で、この旅館は油臭に加えて薬品臭がします。

浴室に入った瞬間、嗅覚で温泉を感じます。

浸かると、つるつるとろとろの肌触りです。温泉分析書を見ると、メタケイ酸の含有量が多いです。

湯上がりは、肌がしっとりします。

温泉地には大型のホテルが多い中、落ち着いたたたずまいです。玄関の右手に小さな池があって、コイが泳いでいます。老舗の風格があり、派手さはありませんが、リラックスできます。

浴槽の青いタイルが美しいです。源泉の注ぎ口も凝っています。

凝った造りの浴槽

もてなしも料理も、素晴らしい老舗旅館

新潟県村上市瀬波温泉2-5-28

94 新潟県

佐渡八幡温泉 八《や》幡《はた》館

ナトリウム－塩化物泉です。

佐渡島にある温泉は、循環風呂が多い印象ですが、いくつか源泉かけ流しがあります。

八幡館は昭和天皇もお泊まりになった、由緒あるホテルです。

浴槽の真ん中にある不思議なオブジェがいいでしょう(左下写真)。

源泉が48度と高いので、上から流してうまく冷ましているのだと思います。

少し茶色の源泉です。

ここの特徴は、圧倒的なヌルヌル感です。浴槽の中で、ずるっと滑りそうになるくらいです。

当然、湯上がりは肌がつるつるになります。

地下1000メートルから、毎時間1000キロもの湯量を噴出するそうです。

豊富な湯量です。

ヌルヌル感の強い源泉

オブジェで湯を冷ます

新潟県佐渡市八幡2043

95 新潟県

松之山温泉 白川屋旅館

ナトリウム・カルシウム－塩化物泉です。

白川屋旅館の温泉はいわゆる半循環ですが、浴槽の泉質は源泉のかけ流しに近いです。温泉成分が濃いからです。

松之山温泉は、1千万年前の化石海水が地熱で温められて湧出しているジオプレッシャー型の珍しい温泉です。石油やナフタリンのような強烈な臭いで、成分表ではメタケイ酸、ホウ酸の含有量がすごい。

松之山温泉が有馬、草津とともに「日本三大薬湯」といわれるのも、なるほどと思わせられる泉質です。しかし、源泉かけ流しの旅館が少ないのは残念です。

それにしても立派なおっぱい風呂です。女将さんに聞くと、「面白いものを作って目立ちたかった」とのことでした(^^)。

うわさのおっぱい風呂

日本三大薬湯の温泉地

新潟県十日町市松之山湯本55-1

96
新潟県

折《おり》立《たて》温泉　やまきや旅館

折立温泉は、奥から順に駒の湯温泉、栃尾又温泉、大湯温泉などがある湯之谷温泉郷の中の温泉地です。

何軒か旅館があります。単純泉です。浴槽は男女一つずつで、ぬる湯が素晴らしい（冬場は加温するようです）。40度くらいの源泉をかけ流しています。浴槽の中では、もっとぬるく感じます。

副交感神経が刺激されているのでしょう。実にリラックスできる、ぬる湯です。

浸かると、非常にやわらかい泉質です。源泉と体が一体になったような、源泉に包まれる感じです。

少しとろみがあって、つるつるでしっとりします。

温泉分析書に表れない、泉質の良さを感じます。派手さはありませんが、泉質だけで十分幸せになれる旅館です。

リラックスできるぬる湯

湯治場的な歴史を感じる風情

新潟県魚沼市下折立528

97
新潟県

大沢山温泉　幽谷荘

ナトリウム－塩化物・炭酸水素塩泉です。

源泉温度が27度なので、加温しています。

タイル張りの小さめの浴槽です。無色透明の源泉かけ流しで、浴槽の縁から源泉があふれています。

蛇口をひねると、源泉を注入することもできます。ぬるめにしてゆっくり入れます。

自己責任の飲泉は、少し甘みを感じます。泉質の良さを実感します。

浸かると、「おっ」と思います。ヌルヌル感がすごくて、浴槽の中でもズルッとなります。強いて言えば、中山平温泉に入ったような、体に膜が張った感じがします。

微かな温泉臭がして、湯の花が舞っています。

ヌルヌル感に浸かりながら、リラックスできる温泉です。

ヌルヌル感がすごい

蛇口をひねると源泉注入できる旅館

新潟県南魚沼市大沢1233

98
新潟県

笹倉温泉　龍雲荘

とろとろすべすべ感が半端でない千寿の湯

源泉かけ流しの内湯

誠実な湯使いと情報公開の旅館

新潟県糸魚川市大平5804

ナトリウム－炭酸水素塩・塩化物泉です。

ＪＲ糸魚川駅から、車で25分くらい山の方に上がっていきます。

「千寿の湯」という、二つある貸し切り風呂が源泉かけ流しです。浸かった瞬間、角質が溶けていくような感じがしました。

とろとろすべすべ感がすごい。さほどアルカリ度が強くないものの、重炭酸水素イオンの量が多いからだと思います。

男女別の内湯、露天風呂、陶器風呂など浴槽が多いですが、いわゆる半循環の浴槽もあります。浴槽が多くて全部は源泉かけ流しにできないのかもしれませんが、きちんと掲示のあることと、半循環といっても源泉の注入量が多いので、誠実だと思います。

99
新潟県

関温泉　中村屋旅館

旅館から少し歩いた所にある露天風呂

赤茶色の源泉を蓄えた内湯

源泉かけ流し宣言の温泉地

新潟県妙高市関温泉

関温泉は、「源泉かけ流し宣言」をする温泉地で、燕《つばめ》温泉の手前にあります。

ナトリウム－塩化物・炭酸水素塩泉で、色鮮やかな赤茶色の温泉です。

旅館が何軒かありますが、すべて源泉かけ流しです。日帰り入浴を受け付けている旅館が多いです。

浸かると体にまとわりつく感じの濃い泉質です。ほどよい鉄分の香りがします。塩分濃度は高いです。

中村屋旅館は、本館から少し歩いていく露天風呂がなかなか風情があります。

この手の温泉は湯上がりにシャワーで体を流さないと、下着が真っ赤になります。

しかし、残念ながら露天風呂にシャワーはありません。

下着に色が移ってしまうので大変です。

100
新潟県

蓮華温泉
白馬岳蓮《れん》華《げ》温泉ロッジ

四つある露天風呂の一番上にある薬師の湯

白濁した疝気の湯

消灯時間後、夜は真っ暗になります

新潟県糸魚川市大所991

登山の方が多く宿泊する場所で、温泉だけの目的で泊まる人は、少数派かもしれません。

四つある露天風呂が素晴らしい。高い所から順に、「薬師の湯」「疝《せん》気《き》の湯」「黄《おう》金《ごん》の湯」「三国一の湯」です。

一番上の薬師の湯は、ロッジから20分ほど登山した場所にあります。

周りは湯煙が噴き出して荒々しい感じですが、浸かると硫黄臭がしてつるつるの優しい泉質です。

季節にもよりますが、夜は星が散りばめられたように見えます。

おそらく今も、携帯電話の電波は届かないと思います。世間から遮断されると、意外に幸福感があります。夜は消灯時間があり、9時には真っ暗闇になります。

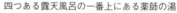

黒部峡谷を見下ろせる露天風呂

101 富山県

名《めい》剣《けん》温泉

巨大な岩がせり出している内湯

山深い中にこんなしゃれた建物が

富山県黒部市宇奈月町欅平

黒部峡谷トロッコ電車終点の欅平《けやきだいら》駅から、15分ほど歩きます。

よくこんな辺ぴな所に、これほど立派な建物を造られたなという感じの旅館です。

肌に優しいマイルドな単純硫黄泉です。無色透明で微かに硫黄臭がします。

季節をじかに感じることができる、風情のある露天風呂からは、黒部峡谷を見下ろすことができて実に爽快です。この露天風呂は、自然と一体になった感が強いです。

内湯もなかなか味があります。

大きな岩がせり出していますが、岩のある所にしか建物が建てられなかったのだろうと思います。

山の中の秘湯ですが、部屋も料理も洗練されています。穴場のしゃれた秘湯です。

102
富山県

祖《ば》母《ば》谷《だに》温泉

開放感のある露天風呂

旅館が見えた時はホッとします

人食い岩とは、うまい名前を付けたものです

富山県黒部市黒部奥山国有林

黒部峡谷トロッコ電車の終点、欅平《けやきだいら》駅から歩いて1時間くらいかかります。徒歩でしか行けません。山の中の本物の秘湯です。

登り道は、適度なハイキング感覚です。

途中、「人食い岩」という岩がせり出した道を通ります。ヘルメットが必須です。日によって、結構石が落ちてきます。

長いトンネルを抜けて旅館が見えると、ホッとします。山小屋風の建物です。

硫黄泉です。シンプルな露天風呂がいいでしょう。開放感があります。

黒部トロッコ電車の沿線は、黒薙《くろなぎ》温泉、鐘釣《かねつり》温泉、欅平の猿飛山荘、名剣温泉など、源泉かけ流しの良い温泉がたくさんあります。

103 富山県 たから温泉

ナトリウム・カルシウム－塩化物泉です。

温泉成分表の話をすると少し退屈なので省略しますが、ここは全体的にさまざまな温泉成分が濃い温泉です。

浸かった瞬間、塩分をはじめとする温泉成分が肌にピリッときます。源泉が49度と熱めなので、なおさらぐっときます。

源泉の色は温泉成分の濃さを反映して、濃いめの緑白色です。

油臭が強烈です。石油系というよりナフタリン系という方がいいかもしれません。内湯に浸かると、油臭で頭がクラクラします。

旅館の名物はタラ汁で、お鍋にいっぱい出てきます。温泉同様、パワフルな食べ物です。

濃い緑白色の露天風呂

源泉もタラ汁もパワフルな温泉

富山県下新川郡朝日町境642-1

104 富山県 みくりが池温泉

標高2410メートルにあり、日本一高所の温泉です。

富山地方電鉄立山線の立山駅から立山ケーブルカーで美《び》女平《じょだいら》まで行き、さらにバスで室堂《むろどう》に向かいます。

終点からしばらく歩きます。たどり着くまでが、ひと苦労です。

周りは登山と観光の方ばかりです。

私のように温泉だけが目的という人は、少ないようです。

白濁した単純硫黄泉です。

浴槽は1カ所だけで、少し熱めの源泉がかけ流されています。

硫黄臭が芳しいです。浸かると少しぬめりがあり、よく温まります。

湯上がりは肌がすべすべします。

源泉成分が濃厚なので、かなり疲れます。

ぬめりのある硫黄泉のかけ流し

日本一高所の温泉

富山県中新川郡立山町室堂平

105
富山県

氷見《ひみ》温泉郷 くつろぎの宿 うみあかり

緑白色の源泉が美しい露天風呂

富山湾を見下ろせる本館の露天風呂

天然岩風呂のある別館

富山県氷見市宇波10-1（灘浦海岸）

ナトリウム－塩化物泉です。別館の岩風呂の、緑白色の源泉と湯治場的な雰囲気がいいでしょう。

浸かると、キシキシした肌触りで金属臭がします。濃厚で重たい感じの源泉です。全身に温泉の成分が浸透してくる感じがします。

成分が濃いので、しばらく浸かっていると、どっと疲れが出る温泉です。

本館の露天風呂は、富山湾を一望できます。かすみがかかっていなければ、立山連峰も見えます。

写真（左下）は別館の浴室棟だけですが、本館はかなり立派なホテルです。食事も良く、富山県の海の幸は日本一だと実感します。

「キトキト（新鮮）している」という表現が、ぴったり当てはまります。

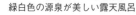

106
石川県

千里浜なぎさ温泉
里湯ちりはま

浴槽と仕切り壁のバランスが印象的な露天風呂

塩分濃度が高い、ずっしりとした泉質

能登半島では数少ない源泉かけ流し

石川県羽咋郡宝達志水町今浜北93

能登半島の温泉で、ナトリウム‐塩化物泉です。

温泉分析書を見ると、それぞれの温泉成分の濃度が濃い泉質です。

露天風呂が絵になります。浴槽の形と仕切りの壁のバランスが、どこか印象に残ります。

緑色がかった色が、目にも鮮やかです。少し生臭いような金属臭がします。


塩分濃度が高く、浸かると体にずっしりきます。海の近くの温泉らしい泉質です。

熱めの源泉が加水をしないで、ちゃんとかけ流されています。

能登半島はこれといった源泉かけ流しが少ない感じがしますが、その中でもここは大変存在感があります。

最寄りは、ＪＲ七尾線の宝《ほう》達《だつ》駅です。

107
石川県

湯《ゆ》涌《わく》板ヶ谷温泉　銭がめ

とろみの強い源泉かけ流し

湯涌温泉は、金沢の奥座敷という感じの温泉地です。金沢市内からバスで40分ほどの距離にある、かなり山の中の秘湯です。

銭がめは、ナトリウム・カルシウム-塩化物・硫酸塩泉の立派な源泉かけ流しで、浴槽は男女一つずつです。

浸かるととろみのある、まとわりつくような泉質です。浴槽のヒノキの感触も素晴らしい。

もともとは料理屋さんでしたが、現在は宿泊も受け付けているようです。

左の写真は「清流御前」です。私が料理を撮るのは、大変珍しい。川魚のオンパレードでおいしかったです。

銭がめは、銭にがめついということではなく(^^)、屋号の銭を入れるかめから名前を付けたそうです。

川魚料理がうまかった定食

湯涌温泉の中では、貴重な源泉かけ流し

石川県金沢市板ヶ谷町イ50

108
石川県

中《ちゅう》宮《ぐう》温泉　にしやま旅館

とろりと肌になじむ源泉のかけ流し

ナトリウム－塩化物・炭酸水素塩泉です。

大変アクセス困難な秘湯です。旅館が3軒あり、どこも源泉かけ流しです。共同湯の露天風呂もあります。

豪雪地帯で、1年の半分くらいしか営業しないそうです。

淡い緑白色です。「胃腸の名湯」といわれていて、確かに飲泉がうまい。塩味の利いたスープのようです。

これほどうまい温泉は珍しいです。

朝食には源泉で炊いたおかゆが出ますが、これがまた絶品です。

この手のうまい源泉を飲泉すると、悪酔いしにくい気がします。

浸かると、キシキシした感じがします。

湯上がりは、しっとりつるつるの肌になります。

川のせせらぎが聞こえる露天風呂

アクセス困難な山奥にある秘湯の宿

石川県白山市中宮ク5-1-12

109
山梨県

川浦温泉　山《やま》県《がた》館

混浴の露天、信長公岩風呂

経営者は武田二十四将、山《やま》縣《がた》昌景《まさかげ》の子孫だそうです。

アルカリ性単純泉で、源泉は42度の適温です。

源泉の湧出量がすごい。毎分1250リットルとのことです。

内湯二つと露天風呂四つが、いずれも源泉かけ流しである上に、カランやシャワーまで源泉です。

この湯使いは少しどうかなと思いますが、湯量が多いので納得です。

全国屈指の源泉湯量の多い旅館です。

「信玄公岩風呂」は、長い階段を下りていきます。混浴の露天風呂です。結構女性が入っています。浸かると、実に肌に優しい触感です。

しっとりすべすべ感が、普通のアルカリ性単純泉とは一味違います。

男女別の露天風呂

山縣昌景の子孫が経営する旅館

山梨県山梨市三富川浦1140

110
山梨県

湯村温泉郷
杖温泉　弘法湯

源泉があふれる浴槽の縁に注目

ナトリウム－塩化物泉です。山

湯村温泉郷にあります。山梨県の温泉にしては、源泉かけ流しが少ない感じですが、ここは本物の源泉かけ流しです。

塩分は強くなく、肌に優しい泉質です。湯量が多く、浴槽の縁から源泉があふれています。

浸かると、とろみとつるつる感があります。

湯村温泉は全国各地にある弘法大師ゆかりの温泉で、「厄除けの湯」といわれています。信玄公の隠し湯でもあります。

弘法湯は、大師様をちゃんとお祭りしていました。

私は現在、四国八十八カ所をお参りして6周目です。大師様ゆかりの温泉が本物の源泉かけ流しで、本当によかったと思います。

弘法湯という名前に感動

大師様を祭っています

山梨県甲府市湯村3-16-16

111 山梨県

ホテル昭和

外観は、普通のビジネスホテルです。

実は、山梨県は街中に源泉かけ流しが多いです。

単純泉です。ここは浴槽にかけ流される湯量が多いことで有名です。

写真でもお分かりいただけるかもしれませんが、実物はもっとすごいです。ドバドバというよりも「ドドドーッ」という感じです。

しかも、琥珀《こはく》色のモール泉で炭酸ガスの含有量がすごい。浸かった瞬間、全身に気泡が付きます。

ホテル昭和の「昭和」はその時代にできたのではなく、昭和町という地名からきています。

日帰り入浴はありません。昼間に山梨県の日帰り温泉に浸かって、ここに泊まるのがいいかもしれません。

これぞ本物のドバドバ温泉

源泉かけ流しが多い、山梨県の街中温泉

山梨県中巨摩郡昭和町西条3682-1

112 山梨県

西山温泉 蓬《ほう》莱《らい》館

ナトリウム・カルシウム－塩化物・硫酸塩泉です。

湯治場らしい浴槽の雰囲気がいいでしょう。窓に向かって左が源泉浴槽で、右が加温浴槽です。

混浴で、よく女性も入っています。

やわらかくて、体に負担のない泉質です。

源泉浴槽が素晴らしい。源泉温度は30度くらいでしょうか。これが実に癒やされます。浸かっていると、うとうとします。よほど泉質と温度が体に合うのだろうと思います。小一時間は楽に入れます。

実は、山梨県は「ぬる湯大県」です。ぬる湯を全部沸かしてしまうなんていう、愚かなことはしません。

ここはかなり秘湯です。奈良田温泉白根館のすぐ手前にあります。

ぬる湯の混浴

山梨県はぬる湯大県

山梨県南巨摩郡早川町湯島73

113 山梨県

下《しも》部《べ》温泉 湯元ホテル

下部温泉は、私の好きな温泉地の一つです。

武田信玄の隠し湯としても有名です。

アルカリ性単純泉です。売りはなんといっても、ぬる湯です。源泉温度は34度といわれていますが、体感的にはもっとぬるいです。これが実に素晴らしい。

始めはぬるく感じますが、次第に体が温まってきます。まさに温泉の効果です。

岩の間から源泉が湧いています。

ぬるいのでつい長湯をしてしまいますが、湧出したばかりの新鮮な源泉で、実に疲れてしまいます。これが源泉かけ流しの良さです。

その昔、武田信玄の配下の武士が、このぬる湯に浸かって傷を癒やしていたのかもしれません。

岩から源泉が流れています

湯元にふさわしい源泉かけ流しの湯使い

山梨県南巨摩郡身延町下部35

114 山梨県

奥山温泉

JR身《み》延《のぶ》線の井出駅という無人駅から、車で30分ほどです。

それにしても、ここはかなりの秘湯です。周りには山以外、何もありません。深い山の中の一軒宿です。秘湯ですが、建物はきれいで、浴槽は広いです。

南部町営の施設ですが、今は指定管理で民間の会社が経営しています。

アルカリ性単純泉です。42度の源泉をそのままかけ流しています。

毎分２００リットルの湧出で、湯量も十分です。浸かると、つるつる感がすごい。硫黄臭もします。

アトピーなどによさそうな、やわらかい泉質です。

露天風呂は広くて少しぬるめですが、あえて加温していません。

山梨県の温泉らしい、ぬる湯の露天風呂

つるつる感がすごい内湯

山梨県南巨摩郡南部町福士26842

115
長野県

野沢温泉　清風館

緑色の源泉が絵になります

レトロな風情の浴室

野沢温泉は、独特な泉質のかけ流しが多い

長野県下高井郡野沢温泉村豊郷8670-1

13の個性あふれる共同湯と、それぞれ独特の泉質、源泉かけ流しの多さを考えると、やはり野沢温泉は温泉地の総合力としては、別府温泉、草津温泉、鳴子温泉と並んで日本のトップクラスだと思います。

清風館は、野沢温泉の老舗旅館です。

アルカリ性硫黄泉がかけ流されています。

レトロな浴室と浴槽、緑色がかった源泉がいいでしょう。これほど湯治場の原風景が残っている旅館は、めったにありません。

浸かると、ほどよい硫黄臭と油臭に癒やされます。

共同湯の「麻釜《あさがま》の湯」の近くにあり、「河原湯」や「大湯」にも近いです。

料理が実にうまい。手作り感満載です。

116
長野県

渋温泉　かめや旅館

一度見たら忘れられないレトロな浴槽

渋温泉は、九つの共同湯がある温泉地です。

かめや旅館は、七番湯の「七操《ななくり》の湯」と六番湯の「目洗いの湯」の間にあります。

ナトリウム・カルシウム－塩化物泉です。

内湯のタイル貼りのレトロな感じがいいでしょう。真ん中で熱めの湯とぬる湯に分けられています。無色透明の肌に優しい泉質です。微かな硫黄臭と石こう臭がします。

他の浴槽には、地獄谷温泉から引いた鉄分を含んだ少し赤っぽい源泉を使っているものもあります。これも体がよく温まる良い泉質です。旅館はこぢんまりしていますが、個性的かつさまざまな浴槽があります。

渋温泉は、温泉街をそぞろ歩きできる、数少ない古き良き温泉地です。

露天風呂は造りが凝っています

共同湯の間にある旅館

長野県下高井郡山ノ内町平隠2065

117 長野県

安《あん》代《だい》温泉 温泉旅館 安代館

湯《ゆ》田《だ》中《なか》渋《しぶ》温泉郷は、おそらく日本有数の温泉密集地帯です。

安代温泉は、湯田中温泉と渋温泉に挟まれた、大国の間の小国といった感じの温泉です。何軒か旅館があります。

安代館の建物と浴槽、ひなびていていいでしょう。訪れた日は源泉が熱すぎて、源泉を竹で外に流して水を入れていました。源泉をそのまま使っている姿勢が素晴らしい。

ナトリウム－塩化物・硫酸塩泉です。

浸かると、キシキシした肌触りです。ほどよい塩味とミネラルの味です。

この辺りの温泉地には大体、中心に共同湯の大湯があります。素晴らしい日本の文化です。

旅館の隣に、共同湯「安代大湯」（写真）があります。

熱めの源泉をかけ流し

共同湯、安代大湯

長野県下高井郡山ノ内町平穏2305

118 長野県

湯田中温泉 まるか旅館

湯田中温泉郷は、源泉かけ流しの多い温泉地です。歴史ある湯治場的な風情のある旅館が、いくつかあります。

まるか旅館は、共同湯「湯田中大湯」のすぐ近くにあります。築100年の木造2階建て、古き良き日本の湯治場といった感じです。

ナトリウム－塩化物泉です。無色透明ですが、とろみがあり、じんわりと体を包み込むような泉質です。

内湯と家族風呂があります。内湯のブルーのタイルが、実に美しい。源泉の注ぎ口も丸みを帯びていて独特です。

浸かると思わず「はあーっ」と息を吐いてしまいます。

心身ともに癒やされる泉質です。

これほど体にじんわりくる泉質は、なかなかありません。

大湯源泉がじんわりと

老舗の良さが感じられる旅館

長野県下高井郡山ノ内町平穏3109

119 長野県

浅間温泉 尾上の湯旅館

写真を見て、ここがパッと分かる人はかなりの通です(^^)。

昔、『白線流し』というドラマがありました。馬渕英里何さん演じる高校生の実家が、この温泉です。ロケ地として使われました。

泉質はアルカリ性単純泉で、無色透明です。

写真は、主役の酒井美紀さんら三人の女性が入浴するシーンが撮影された浴槽です。

撮影では、バスクリンを入れて白濁した温泉にしていました。

ドラマのスタッフが、よく源泉かけ流しの良い旅館をロケ地に選んでくれたものだと思います。

やわらかくしっとりとする、良い泉質です。

もてなしも料理も良く、こぢんまりとした古き良き、癒やしの旅館です。

分かる人には分かる温泉

古き良き、癒やしの老舗旅館

長野県松本市浅間温泉3-4-18

120 長野県

八ヶ岳縄文天然温泉 尖石《とがり》の湯

循環風呂の施設が「天然温泉」と平気で名乗っている場合があるので、注意が必要です。

この旅館は、本物の源泉かけ流しです。まさに本来の意味での天然温泉です。

ナトリウム－硫酸塩・炭酸塩・塩化物泉です。

自然の中に造られた露天風呂は、風情があります。

黄土色の色鮮やかな源泉です。少し塩味があります。

浸かると、じんわり温まってきます。

サルフェート（硫酸塩）の含有量の多さを売りにしています。サルフェートには利尿作用があり、デトックスの効果が見込めるそうです。

健康を意識した旅館で、湯治宿泊や「温泉ジュース断食プラン」もあるようです。

サルフェートを多く含む黄土色の温泉

飲泉湯治のできる旅館

長野県茅野市豊平10246-1

121
長野県

鹿《か》教《け》湯《ゆ》温泉　ふぢや旅館

混浴の大浴場

風情がある貸し切り露天風呂

建物の中は結構大きい

長野県上田市鹿教湯温泉1373-3

単純泉です。無色透明、無臭ですが、微かなとろみと温泉臭がして、肌に優しいやわらかい泉質です。

　風呂上がりの肌が、しっとりとします。

　良質の単純泉は、飽きることなく長湯できるので、大変癒やされます。

　鹿教湯温泉には何軒か、源泉かけ流しの温泉があります。

　このふぢや旅館の特徴は、大浴場が混浴であることです。

　古き良き湯治場の混浴文化が残っている温泉地です。

　少し見えにくいですが、浴槽の源泉の注入口はシカです。

　貸し切り露天風呂も大変風情があって絵になります。お湯が緑色に見えるのは、浴槽のタイルの色のためです。ちなみに、女性用の大浴場もあります。

122
長野県

葛《くず》温泉　髙瀬館

単純泉です。

最寄りは、JR大糸線信濃大町駅です。山の中の秘境です。

この温泉地には、髙瀬館以外に仙人閣、湯宿かじかと、合計3軒の源泉かけ流しの旅館があります。

温泉地の湯量は豊富で、源泉温度も80度と高いです。他の温泉地にも源泉を供給しているようです。


広くて開放的な露天風呂がいいでしょう。湯量が豊富だからこそ、実現できる広さです。もちろん内湯もあります。

浸かると、実にマイルドで滑らかな泉質です。

単純泉とはいえ、温泉成分が豊富な感じがします。

じわーっと温まってきます。

信州の温泉らしい風情を感じます。

広くて開放的な露天風呂

湯量の多さが源泉かけ流しの生命線

長野県大町市平高瀬入2118-13

123
長野県

大塩温泉　湯元旭館

鹿教湯《かけゆ》温泉の近くです。

細い道を入っていきます。

少し分かりにくい所にあります。

温泉成分表上は単純泉です。

ここの泉質は、素晴らしい。

35・9度の源泉をタンクにためることなく、そのままかけ流しています。

いわゆる不感温度で、浸かると心身ともに癒やされる温泉です。


少し硫黄臭がして、とろみがあります。

よく見ると細かな気泡に気付きます。単純泉とは思えないような、個性的な泉質です。

浸かっていると、眠くなることがあります。

体が再生するような、不思議な感じのする温泉です。

浴槽は一つで、男女交代制です。冬場は加温浴槽もあるとのことです。

不感温度の源泉浴槽

奥まった所にある一軒宿

長野県上田市西内大塩769-2

124 長野県

熊の湯温泉 熊の湯ホテル

翡翠《ひすい》色のような、実に絵になるきれいな色の源泉です。

何度か行ったことがありますが、透明なエメラルドグリーンの時もありました。含硫黄－カルシウム・ナトリウム－炭酸水素塩・硫酸塩泉です。

源泉が新鮮で、デリケートです。

「温泉は生きている」ことがよく分かります。

硫黄臭が強烈で、これほど感じる温泉は珍しいです。

表面にカルシウム分が凝固しています。

熊の湯ホテルは、湯田中温泉からバスで1時間くらいの、かなり山の中にあります。

ただ、付近は比較的開けていて、近くに源泉かけ流しの硯川《すずりかわ》ホテルや、志賀高原ホテル一望閣などがあります。

日によって色が変わる温泉

付近は源泉かけ流しが多い

長野県下高井郡山ノ内町平穏7148

125 長野県

奥山田温泉 レッドウッドイン

山岡温泉から車で約15分、山を登った奥地にあります。

アメリカ西海岸に自生する巨木レッドウッドを用いた建物と浴槽で、内湯と露天風呂があります。特に、レッドウッドの巨木をくりぬいた露天風呂が素晴らしい。

濃厚な乳白色の硫黄泉です。

硫黄泉にしてはあまり刺激がなく、肌に優しいやわらかい泉質です。しかも、しっとり感があります。

硫黄泉と一口に言っても、体感的にさまざまな種類の温泉があります。

大自然の中で、ぬるめの刺激の少ない硫黄泉にゆっくり浸かれます。

冬場はスキー客でにぎわいます。

この辺りは七味温泉、松川渓谷温泉滝の湯など、源泉かけ流しの多い温泉地です。

巨木をくりぬいた浴槽に乳白色の源泉

信州高山温泉郷にある

長野県上高井郡高山村奥山田3681-347

126 長野県

白骨《しらほね》温泉 湯元齋藤別館

昭和8年に湯元齋藤旅館の別館として、賓客を泊めるために建てられました。

本館は20年ほど前に建て替えられましたが、こちらはこぢんまりした感じです。

浴槽は、男女別浴槽と貸し切り風呂です。

炭酸水素塩泉です。

本館の玄関に向かって、右の方で湧出している第1号泉をそのまま引いてくることで、50度の源泉が適温になるようです。

ちなみに、本館はいくつかの源泉を混合して使っているようです。

白骨温泉にはいくつか源泉がありますが、ここはつるつる感と硫黄の香ばしさが格別です。

宿泊客は、本館と日帰りの「煤香庵《ばいこうあん》」にも入れます。

白骨温泉の良質な源泉を蓄えた浴槽

派手さはないが気品のある建物

長野県松本市安曇白骨温泉4195

127 長野県

乗鞍《のりくら》高原温泉 温泉宿 山栄荘

新島々《しんしましま》駅からバスに乗って白骨《しらほね》温泉に行く方向にあります。

ホテルや旅館に加えて、こぢんまりしたペンションが多いのが、この温泉地の特徴です。

四季を通じて、登山、ハイキング、スキーなどに来る方が多いようです。

こってりと白濁した酸性硫化水素泉、いいでしょう。見ただけでとろみを感じます。

硫黄泉は全国にたくさんありますが、これほど濃厚な泉質は珍しいと思います。

浸かると、とろりとした触感で強烈な硫黄臭に包まれます。小さな温泉成分の粒子が源泉にたくさん含まれているのが見えます。

乗鞍岳中腹から湧出した源泉を引いて、ちょうど適温になるようです。

こってり白濁の硫黄泉

温泉地の中でも泉質が濃いと感じる旅館

長野県松本市安曇4085-68

青白色に濁った樽風呂

128
長野県

上高地温泉

上高地温泉ホテル

アルカリ性単純泉です。

風光明媚《めいび》な所で、山も川も空気もすべてが澄んでいます。

1500メートルの高地に、温泉が湧出しています。

露天風呂の「樽《たる》風呂」が素晴らしく、鉄分を含んだ源泉をかけ流しています。青白色に濁っていて、金属臭がします。

自己責任で飲泉すると、塩味の利いたスープのような味でした。

内湯と露天風呂は、無色透明のアルカリ性単純泉です。

肌の角質や皮脂が取れていくような感じがして、つるつる感もあり、湯上がりは実に爽快です。

上高地帝国ホテルから田代橋を渡り、このホテルの前を通ってウェストン碑に寄り、河童橋を散策するルートがおすすめです。

自然を感じられる露天風呂

空気も水も澄み切っています

長野県松本市安曇上高地4469-1

129
長野県

湯俣温泉　晴嵐荘

青みがかった硫黄泉

高瀬ダム駐車場から約3時間、歩いた人のみがたどり着ける、山の中の秘湯です。老骨には、結構こたえます。

宿を目前にして、最後はビーチサンダルに履き替えて川を渡らないといけません。これも試練です。

泉質は、青みがかった硫黄泉です。

浸かると、疲れがいっぺんに取れます。

片道約3時間歩いてやっとたどり着きます

宿から20分ほど奥に歩いていくと、噴湯丘《ふんとうきゅう》という、ものすごい天然記念物が見られます。

長年にわたって湧出した温泉成分が固まって、できたものです。

この辺りの河原は、そこらじゅうから硫黄泉が湧きまくっています。

夕食のカレーも噴湯丘の形でした。

国指定の天然記念物の噴湯丘

長野県大町市大町九日町2450

130
長野県

小谷《おたり》温泉　雨《あま》飾《かざり》荘

まろやかでつるつるの源泉

秘湯とは思えない、洗練された旅館

雨飾高原露天風呂

長野県北安曇郡小谷村中土18926-1

ナトリウム－炭酸水素塩泉です。

秘湯の小谷温泉山田旅館の、さらに奥にあります。

よくこんな山の中に、立派な建物を造られたと思います。

雨飾温泉の雨飾山荘と間違えやすいです。

どちらもＪＲ大糸《おおいと》線の駅が最寄りですが、雨飾山荘は新潟県です。

雨飾荘は内湯と露天風呂があり、まろやかな肌触りの泉質です。源泉が肌を滑っていく感じがします。

微かに硫黄臭がします。湯上がりは、肌がしっとりします。

食事も、もてなしも洗練された旅館です。２０２２年12月時点で、日帰り入浴は行っていないようです。

近くに、野趣あふれる雨飾高原露天風呂もあります。

131
長野県

姫川温泉　ホテル白馬荘

熱めの源泉をそのままかけ流し

ナトリウム・カルシウム－炭酸水素塩・塩化物泉です。

ＪＲ大糸線の平岩駅から歩いていけます。

姫川温泉は、ここと朝日荘、共同湯「瘡《くさ》の湯」が並んでいます。

ちなみに、駅の反対側にホテル国《くに》富《とみ》翠《すい》泉《せん》閣《かく》といった高級ホテルもあります。

湯量が多い温泉地なので、どこも源泉かけ流しです。

広々とした浴槽に、熱めの源泉をきちんとかけ流しています。

水を入れられるので、適温にすることもできます。

とろみのあるやわらかい泉質でつるつる感がして、硫黄臭と石こう臭がします。

脱衣所に、大きな岩がせり出しています。

敷地内の崖の上で、源泉が湧出して垂れ落ちています。

脱衣所にせり出した岩

武田信玄も好んだといわれる秘湯

長野県北安曇郡小谷村北小谷9922-5

132
長野県

毒沢鉱泉　旅館　宮乃湯

含鉄－アルミニウム－硫酸塩泉で、源泉温度がなんと2度です。

なかなかこの温度の冷鉱泉はないと思います。

源泉浴槽に入ると、体がしびれます。相当気合を入れる必要があります。

沸かし湯は茶色に変色していて、交互浴をすると全身シャキッとします。

pHは2・5で、玉川温泉や塚原温泉より酸性は緩めですが、肌感覚としてはここの源泉の方がきつく感じます。

飲泉すると、酸っぱくて苦い。

「日本一まずい温泉」といわれているようですが、そうかもしれません。

上諏訪温泉から車で15分くらいの山中にあり、付近には神乃湯という旅館もあります。

超低温、2度の源泉

かなり酸っぱくて苦い鉱泉

長野県諏訪郡下諏訪町星が丘1877

133
長野県

釜沼温泉　大《だい》喜《き》泉《せん》

JR木曽福島駅から山の中に入っていきます。

二酸化炭素－カルシウム・マグネシウム－炭酸水素塩冷鉱泉です。

温泉分析書を見ると、カルシウムとマグネシウムの含有量が多いです。浴槽の床には、温泉成分がびっしり凝固しています。

源泉温度は約13度ですが、源泉風呂をきちんと用意してくださっているところがありがたい。

加温浴槽と源泉浴槽の交互入浴を推奨しています。

加温すると、源泉が緑茶色に濁ります。浸かると、肌がキシキシした感じがします。

源泉浴槽に浸かった瞬間はさすがに冷たいですが、次第に体が芯から温まります。

源泉を飲むと、鉄分を含んだサイダーの味がします。

強烈な金属臭のする源泉

こぢんまりした建物

長野県木曽郡木曽町三岳10869

134 長野県

天狗《てんぐ》温泉　浅間山荘

単純鉄冷鉱泉です。源泉温度は8・5度なので、加温しています。

加温した源泉を注入しながら循環する、いわゆる半循環ですが、泉質的にはまったく苦になりません。

浅間山の南西の登山口にある一軒宿で、建物は快適、おしゃれです。かなりの秘境です。1970年代の連合赤軍事件の山荘とは、まったく関係ありません。

浴槽を見た瞬間、驚きます。見事な赤褐色です。一目で、鉄分の多さを感じます。

浸かると、じんわり温まります。鉄さびの臭いが強烈です。見かけと異なり、さらさらの肌触りです。

1階の「岳」と2階の「空」の2カ所に浴槽があります。

タオルが茶色になるくらい濃厚な泉質です。

見事なまでの赤褐色

山奥の秘境

長野県小諸市甲又4766-2

135 長野県

鹿《か》塩《しお》温泉　湯元　山塩館

かなりの秘境で、行くのに大変苦労しました。この温泉地には2軒、旅館があります。

含硫黄‐ナトリウム‐塩化物強塩冷鉱泉です。

蒸発残留分が源泉1リットル当たり15〜25グラム。源泉は地底約7千メートルから湧き上がり、少なくとも2万年以上前の塩水だそうです。

ここまでくると、温泉というよりも神秘的というか、奇跡のような現象だと思います。

ありがたいことに、源泉浴槽があります。源泉温度は約15度ですが、加温浴槽で少し温められているので、比較的楽に入れます。

色は、少し茶色く濁っています。

注入された源泉を自己責任で口にすると、にがりの利いた塩味で実にうまい。

茶色い方が源泉浴槽

5代目が経営するしゃれた旅館

長野県下伊那郡大鹿村鹿塩631

136 岐阜県

湯屋《ゆや》温泉 炭酸泉 奥田屋

含二酸化炭素－ナトリウム－炭酸水素塩・塩化物泉です。ツタの絡まった建物は、インパクトがありますが、旅館としては使っておらず、奥にメインの建物があります。浴室は湯治場的で、インパクトがあるでしょう。

手前は加温浴槽で、奥の赤茶色の浴槽が炭酸泉の源泉浴槽です。

源泉温度は15度くらいで、かなり冷たいです。浸かるとほとんど我慢大会で、一種の苦行です。

あまり鉄分は感じません。炭酸成分の濃さを感じます。

源泉に力があるので、長時間浸かるとかなり疲れます。しかし、なんともいえない爽快感を味わえます。

玄関には飲泉場があります。甘みがあり、ほとんどサイダーです。

奥の源泉浴槽は非常に冷たい

ツタの絡まる旧館

岐阜県下呂市小坂町湯屋572

137 岐阜県

下呂《げろ》温泉 菊《きく》半《はん》旅館

アルカリ性単純泉です。

私は下呂温泉、城崎《きのさき》温泉、道後温泉が「三大残念な温泉地」かなと思っています。

それは①旅館数に比べて源泉の湯量が少ない、②源泉を集中管理している、③源泉かけ流しが非常に少ない、といった理由です。

下呂温泉は循環風呂が多いといっても、源泉も注入している半循環が比較的多い温泉地です。

菊半旅館は、下呂温泉では珍しい源泉かけ流しで、日帰りは受け付けていません。浸かると、肌にまとわりつくようなヌルヌル感があります。湯の花も舞っています。

さすが「日本三名泉（草津温泉、下呂温泉、有馬温泉）」です。周りの旅館の半循環の泉質と比べると「違い」がすぐに分かります。

下呂温泉では貴重な本物の源泉かけ流し

さすが、日本三名泉の一つ

岐阜県下呂市湯之島281

138
岐阜県

奥飛騨温泉郷新穂高温泉
深《しん》山《ざん》荘《そう》

川に面した混浴露天風呂

露天風呂が素晴らしい。開放感全開です。つり橋を渡って向かう宿への道から、露天風呂は丸見えです。

川に沿って三段に造られていて、一番下は混浴、一番上と真ん中が男性専用です。女性は湯浴み着を着て混浴に入っています。男性はタオルで隠すくらいです。あまり、皆さんこだわっておらず、おおらかに入っています(^^)。

単純泉ですが、ほのかに硫黄の香りがして、湯の花もちらちらしていて、やわらかく肌になじむ良い泉質です。

混浴露天風呂に浸かっていると、川面を渡る風と川のせせらぎと一体になったような気がします。

これほど川に近い温泉はめったにないと思います。雄大な自然の中の露天風呂で、心身ともに癒やされます。

一番上の男性露天風呂

うまく露天風呂を配置した旅館

岐阜県高山市奥飛騨温泉郷新穂高温泉

139
静岡県

大滝《おおだる》温泉　天城荘

日本一の滝温泉

アルカリ性単純泉です。

ここは滝がすごい。石川さゆりさんの『天城越え』で歌われる、浄蓮《じょうれん》の滝も近くにあります。

レンタルの海水パンツを着用します。豪快に流れ落ちる滝の音を聞いて、滝を見ながら温泉に浸かります。肌になじむ、やわらかい泉質です。

風呂上がりのしっとり感が、そんじょそこらのアルカリ性単純泉とは違います。

洞窟風呂と内湯もあり、源泉かけ流しです。泉質のレベルは高いです。

夏場は滝の観光客が結構いて、観光派と温泉派に分かれます。海水パンツをはいてはいるものの、滝を見にきた観光客に丸見えなので恥ずかしい温泉です。

浴槽も多く、どこかワクワクする旅館です。

洞窟風呂の入り口

浄蓮の滝の近く

静岡県賀茂郡河津町梨本359

140 静岡県

伊豆畑《はた》毛《け》温泉 誠《せい》山《ざん》

弱アルカリ性単純泉です。約30度の源泉浴槽、約35度と約40度の加温浴槽があります。

向かって左の一番大きな浴槽が源泉浴槽で、これが実に素晴らしい。

ぬる湯である上に、泉質が実にやわらかく、細かな気泡が全身に付きます。体が溶けてしまいそうな感じで、つい長湯してしまいます。

温泉分析書に表れない泉質の良さを感じます。

露天風呂も源泉かけ流しです。

もともと伊豆畑毛温泉は、早くから国民保養温泉に指定されていたのですが、少し地味な印象がありました。

誠山は老舗旅館をリニューアルして、湯治を全面に出しているところに好感が持てます。

一番大きな浴槽が約30度の源泉

400年以上の歴史ある温泉地

静岡県田方郡函南町畑毛244-4

141 静岡県

伊豆・熱《あた》川《がわ》温泉 たかみホテル

ナトリウム－塩化物・硫酸塩泉です。

熱川温泉は、至る所で湯煙が上がっています。

湯量が豊富で源泉温度も高い。

浸かると、しっとりすべすべです。

無理をした様子は見られず、普通に源泉かけ流しといった余裕を感じます。

露天風呂の他、内湯もあります。

この温泉地は、かつてドラマで有名になりました。

「銭の花の色は清らかに白い。だがつぼみは血がにじんだように赤く、その香りは汗の匂いがする」のナレーションで始まる『細うで繁盛記』（1970年代）です。

たかみホテルの玄関には、ビニール袋に入った湯の花が置かれています。

しっとりすべすべの露天風呂

正統派の湯力を感じさせてくれる旅館

静岡県賀茂郡東伊豆町熱川

142
静岡県

河津峰温泉《かわづみね》
花舞竹の庄《はなまい》

絵になる大正檜風呂

伊豆石風呂・ヒスイ露天風呂

見事なまでの木造建築

静岡県賀茂郡河津町峰487-2

「大正檜風呂」、インパクトあるでしょう。これほど絵になるヒノキ風呂は、なかなかありません。

「伊豆石風呂・ヒスイ露天風呂」も見事です。

隣に峰温泉大噴湯公園があり、湯量豊富な源泉をそのまま引いています。

ナトリウム－塩化物泉です。

肌に優しい、やわらかい塩化物泉です。

豊富にミネラルを含んだ源泉が体を包み込んでくれる感じがします。

癖がないというか、浸かっているのが自然な泉質です。

昭和8年に新宿の遊郭を一部移築して建築したそうで、中の造りも凝っています。

素泊まりだけですが、近くに安くて感じの良い居酒屋などがあります。

日本一の素泊まり旅館です。

143
愛知県

内海《うつみ》温泉 THE BEACH KUROTAKE

知多湾に面した風光明媚《めいび》な露天風呂

知多《ちた》半島にある温泉です。料理のおいしいホテルで、魚介類が豊富なエリアです。

　ナトリウム－塩化物泉です。敷地内に源泉が湧出して塔状になっています。

　源泉は少し黒く濁っています。

　浸かると、肌がしっとりします。

　塩化物泉はベタベタする泉質もありますが、ここは湯上がりが実に爽快です。

　近くに、野間大坊があります。源義朝と織田信孝が亡くなったことに縁がある所です。この話をすると、大変長くなってしまいます。

　「昔より主《しゅう》を討つ身の野間なれば報いを待てや羽柴筑前」、興味のある方はインターネットでお調べください。

　源義朝のお墓は、かなりインパクトがある見た目です。

黒色に濁ったしっとり感のある温泉

敷地内に源泉が湧出する快適なホテル

愛知県知多郡南知多町内海口揚4-6

144
三重県

榊《さかき》原《ばら》温泉　湯元　榊原館

病みつきになるぬる湯

浸かるとヌルヌルつるつる

清少納言ゆかりの温泉地

三重県津市榊原町5970

諸説あるようですが、清少納言が「枕草子」で「湯は七栗の湯、有馬の湯、玉造の湯」とたたえた七栗の湯に由来する、歴史のある温泉地です。

アルカリ性単純泉です。

源泉の温度は31度くらいで、浴槽ではもっとぬるく感じます。このぬるさが妙に心地よい。

浸かると、体が膜に包まれるような感覚です。微かに泡も付着します。

日帰りの方が多く入っているので、夕方くらいになるとやや源泉の鮮度が落ちている気がします。

朝イチの源泉風呂に入ると、ヌルヌルつるつるの源泉に浸かることができます。

浸かる人数が多いと、源泉の質は落ちることがよく分かります。

145
三重県

湯の山温泉　グリーンホテル

ヌルヌルつるつるの源泉

アルカリ性単純泉です。大きなホテルですが、きちんと源泉がかけ流されています。

源泉は少し緑色がかったやわらかい泉質で、つるつる感とヌルヌル感もかなりあります。

鉱物臭も実に芳しいです。

2本の源泉を、源泉風呂と露天風呂にうまく使っています。42・5度の適温の源泉が毎分500リットルも湧出するので、惜しみなく源泉を使えることになります。

大型ホテルは浴槽が大きくなりがちなので、源泉の湯量が少ないと循環風呂になったり、かけ流しといって加水加温になったりします。

三重県は少し温泉力が弱い感じがしますが、決してそのようなことはありません。

広い露天風呂も源泉かけ流し

大型ホテルには珍しい源泉かけ流し

三重県三重郡菰野町千草7054-173

146
滋賀県

宝船温泉　湯元ことぶき

単純炭酸鉄泉です。

源泉は、約16度の冷鉱泉です。

蛇口をひねると、冷たい源泉と加温した源泉が別に出ます。

加温すると緑灰色《りょくかいしょく》になるようで、実に色鮮やかです。

鉄分と金属臭がします。飲泉すると、シュワシュワで鉄分の味がします。

温泉成分が濃厚な泉質です。

温泉分析書を見ると、メタケイ酸の含有量が多い。

浸かるとキシキシした感じがして、じわーっと温まります。

クリーミーな肌触りです。

露天風呂は貸し切り制で、加温した源泉がかけ流されています。

滋賀県は源泉かけ流しが少ない印象ですので、ここは貴重です。

目にも鮮やかな緑灰色の温泉

滋賀県には珍しい源泉かけ流し

滋賀県高島市安曇川町下小川2248-2

147
京都府

久《く》美《み》浜《はま》温泉　湯元館

京都府の温泉にしては珍しく、源泉かけ流しです。

広大な露天風呂の開放感、なかなかいいでしょう。岩から源泉が流れ落ちる見せ方も、うまいと思います。

ナトリウム・カルシウム－硫酸塩泉です。

無色透明ですが、とろみとしっとり感のある良い泉質です。微かに金属臭がします。

大露天風呂の隣の小露天風呂もいい味を出しています。

源泉の湯量が多いので、露天風呂を広くとれるのだろうと思います。

銅像はこの源泉を掘り当てた方で、大阪のくいだおれの創業者でもあるそうです。

広々とした露天風呂は温泉の醍醐味《だいごみ》ですが、これを源泉かけ流しにできるのは、やはり湯量の多さということになります。

開放感のある広々とした露天風呂

湯量の多さが感動ものの旅館

京都府京丹後市久美浜町平田1106-4

148 兵庫県

湯村温泉 とみや

湯村温泉は、ドラマ『夢千代日記』（1981年）で有名になった温泉地です。ナトリウム－塩化物・炭酸水素塩・硫酸塩泉です。

源泉温度は98度で、温泉力の高い温泉地ですが、少し循環風呂が多い印象です。

この旅館は、数少ない源泉かけ流しです。

源泉は高温の荒湯ですが、加水されてマイルドになり、浸かると肌によくなじむ優しい湯です。

兵庫県は湯村温泉、城崎《きのさき》温泉、有馬温泉といった大型の温泉地を抱えています。大都市が近くにあって集客が楽なせいか、安易に循環風呂にしてしまい、源泉かけ流しが少ない印象です。

一方、神戸市とその周辺の日帰り温泉施設は、本物の源泉かけ流しが多いです。

勢いよく湧き上がる源泉

荒湯から少し離れた所にある

兵庫県美方郡新温泉町湯206-1

149 奈良県

十《と》津《つ》川《かわ》温泉 行者民宿 太陽の湯

十津川温泉郷は、湯泉地温泉、十津川温泉、上湯温泉からなり、全国で初めて「源泉かけ流し宣言」をしたことで有名です。

この温泉郷すべての旅館が、源泉かけ流しです。本当に素晴らしいことです。

泉質的には、湯泉地温泉は硫黄泉、十津川温泉は炭酸水素塩泉、上湯温泉はその中間という感じです。

この旅館は、ナトリウム－炭酸水素塩泉で少し薄濁り、つるつるすべすべ系のレベルの高い泉質です。

露天風呂、渋いでしょう。十津川の流れと赤い橋が、絵になります。

他に2カ所、浴槽があります。

コストパフォーマンスが素晴らしい、手造り感のある建物です。

十津川を見渡せる露天風呂

「行者民宿」というネーミングが渋い

奈良県吉野郡十津川村平谷693

150
奈良県

入《しお》之《の》波《は》温泉湯元　山鳩湯

温泉成分が凝固した湯口

白いカルシウム分が浮いた温泉の表面

山奥の秘境にある良質の温泉

奈良県吉野郡川上村入之波391

奈良県の温泉というと、ピンとこない方がいるかもしれません。

しかし、日本で初めて「源泉かけ流し宣言」をした十《と》津《つ》川《かわ》温泉郷は奈良県にありますし、ここもかなりレベルが高いです。

近鉄吉野線・大和上市《かみいち》駅からバスで1時間もかかる、山奥の秘境にあります。

ナトリウム・カルシウム―炭酸水素塩・塩化物泉です。

濃い茶色とカルシウム分の凝固した感じがいいでしょう。

浴槽内の温泉の表面には、白いカルシウム分が浮いて膜を作っています。凝固途中のぶよぶよした半固形の物質も浴槽内に付着しています。

浸かると、体にずっしりくる感じがします。

濃厚な泉質のため、かなり疲れます。

151
和歌山県

湯川温泉　さごんの湯（ホテルブルーハーバー）

太いパイプからドバドバと源泉を注入

国道沿いの素朴な小屋にさごんの湯がある

ホテルブルーハーバー

和歌山県東牟婁郡那智勝浦町勝浦434-2

さごんの湯は、日帰り利用できません。ホテル浦島などに行く船が出る勝浦港の近くにあるビジネスホテル、ホテルブルーハーバーに泊まると、無料で入れます。

ただ、ホテル内に温泉はないため、車で10分ほど行くことになります。建物は、国道沿いにある素朴な小屋のような感じです。

さごんの湯がある湯川温泉は、夏生《なつさ》温泉などのように湯量が多い温泉地です。

それにしても、ここは源泉の注入量がすごいです。全国屈指といえるでしょう。

しかも、単純泉なのに、微妙な硫黄の芳香も素晴らしい。泡付きもかなりあり、源泉の鮮度の高さを感じます。

泉質的には単純泉の域をはるかに超えています。

152
和歌山県

湯の峰温泉　伊せや

非の打ちどころがない、癒やし温泉

湯の花が大量に浮いています

古き良き日本の温泉地をイメージさせる温泉

和歌山県田辺市本宮町湯峰102

湯の峰温泉は、古き良き日本を感じられる温泉地です。この地に足を踏み入れただけで、どこか癒やされます。

伊せやは、「湯の峰温泉公衆浴場」の手前にあります。なかなか風情がある浴槽でしょう。

含硫黄－ナトリウム－炭酸水素塩・硫酸塩泉がかけ流されています。

源泉が熱いので加水しているかと思いきや、熱交換器で冷ましているそうです。源泉本来の還元力が維持されて、つるつる感を感じられます。源泉へのこだわりが、誠にありがたいです。

大量に湯の花が浮いています。

近くの「つぼ湯」ほどではありませんが、日によって色が変わるくらいのミネラル豊富な良い泉質です。

153 鳥取県

三《み》朝《ささ》温泉　桶屋旅館

桶屋旅館は三朝温泉の中でも、特に湯治場の雰囲気が残っている温泉です。浴槽も建物も、湯治場そのものです。

三朝温泉は、希少価値があるラジウム泉であることと、源泉が湧出している所に浴槽を造った旅館がいくつかあって素晴らしい。

桶屋旅館も、ラジウム泉が湧き出している所に浴槽を造っていて、「ホルミシス効果」をじかに吸収できます。

ホルミシス効果とは、微量の放射線が細胞の新陳代謝を促す作用のことです。

半地下の温泉に浸かると、体がじわーっと温まってきます。ラジウムが気化したラドンが、浴室に充満しているのでしょう。しばらくすると、体が若返ってパワーがみなぎってくるのを感じることができます。

ラジウムが気化してラドンが充満

これぞまさに湯治場

鳥取県東伯郡三朝町山田150

154 鳥取県

皆《かい》生《け》温泉　旅館三井

ナトリウム・カルシウム－塩化物泉です。

男女一つずつ、小さめの浴槽の中から源泉が勢いよく噴射されています。浴槽の縁から源泉があふれています。

浸かると源泉が肌によくなじみます。やわらかい泉質で、風呂上がりは肌がしっとりします。

皆生温泉の集中管理された源泉を使用していますが、ここは加温加水なしで空気に触れることなくかけ流されています。

同じ温泉地の他の旅館の泉質に比べて、明らかに鮮度の良さを感じます。

皆生温泉は湯量が多い割に、源泉かけ流しが少ない印象です。

大型の旅館は大きな浴槽が多いので、どうしても循環風呂になりがちです。

浴槽の中から生きた源泉が噴射

大型旅館の中に質素にたたずむ旅館三井

鳥取県米子市皆生温泉4-24-21

155
鳥取県

鳥取温泉　白《はく》兎《と》会館

まったりしてよく温まる源泉かけ流し

公立学校共済組合の宿泊施設です。

鳥取市内には、「こぜにや」「丸茂《まるも》」といった源泉かけ流しの良い温泉があります。全国で見ると、函館市、金沢市、山口市、鹿児島市などのように、街中に温泉が湧出している所がありますが、鳥取市もその一つです。

ナトリウム－硫酸塩泉の源泉かけ流しです。

浸かると、とろみを感じます。肌に優しく、まったりとしたよく温まる泉質です。

浴槽の中に入ったパイプから、熱めの源泉がかけ流されています。

ＪＲ鳥取駅から歩いて10分くらいの距離にあります。「この立派なホテルに、こんな本物の源泉かけ流しがあるの？」という感じの穴場的な温泉です。

パイプから源泉注入

街中の立派なホテル

鳥取県鳥取市末広温泉町556

156
島根県

美《み》又《また》温泉　とらや旅館

島根県には、「三大美人の湯」の湯の川温泉、「三大美肌の湯」の斐乃上《ひのかみ》温泉があります。

　とらや旅館のある、美又温泉のアルカリ性単純泉のとろとろ感、ヌルヌル感もかなりのレベルです。

　美又温泉には、いくつか日帰り入浴施設や旅館がありますが、すべて源泉かけ流しというわけではありません。

とらや旅館は、こぢんまりとした感じにしては浴槽が大きく、しかも源泉かけ流しです。

　浸かった瞬間、体がとろける感じがして、泉質の良さに感動します。

　時間がたつのを忘れるくらい、長湯してしまう温泉です。

　ここも立派な美人の湯、美肌の湯です。

とろとろヌルヌルの温泉

浴槽でズルッと滑りそうになることも

旅籠《はたご》のような趣ある外観

島根県浜田市金城町追原11

157 島根県

三《さん》瓶《べ》温泉 国民宿舎さんべ荘

含鉄－ナトリウム－塩化物泉です。

鉄分を多く含むので、加湯すると茶色に濁ります。

源泉は36・6度です。

源泉をそのままかけ流した浴槽があります。夏場はちょうどいいのですが、冬場は少し気合を入れて入る必要があります。

「酒樽風呂」「釜風呂」「ひのき風呂」など、工夫を凝らした露天風呂の浴槽が合計16もあります。それぞれきちんとした源泉かけ流しです。源泉の湯量が多いからできることです。

浸かると、源泉風呂はシュワシュワ感があり、鉄分の臭いがします。体に源泉が染み込む感じがします。

料金のわりに料理が豪勢で、コストパフォーマンスが素晴らしい旅館です。

まるで温泉の遊園地

湯使いとコスパのいい旅館

島根県大田市三瓶町志学2072-1

158 島根県

さぎの湯温泉 安《やすら》来《ぎ》苑《えん》

さぎの湯温泉は、3軒ほど旅館がある温泉地です。足立美術館のすぐ近くにあります。

ナトリウム・カルシウム－塩化物・硫酸塩泉です。

浸かると、肌に優しいさらさらの良い泉質です。金属臭が芳しいです。

浴槽は、なかなかインパクトがあるでしょう。岩風呂は、お城の城壁で男女の浴室を仕切っています。

湯口からドバドバと源泉がかけ流されています。

湯口の配管に近い所は、白い石灰分が凝固するくらい、カルシウム分が含まれています。

自己責任で飲泉したところ、これがなかなかうまい。

他の旅館も源泉かけ流しでした。

ひっそりとした温泉地ですが、源泉力は高いです。

城壁で仕切られた岩風呂

源泉力のあるひっそりとした温泉地

島根県安来市古川町478

159
山口県

長《なが》門《と》湯本温泉
原田屋旅館

長門湯本温泉は、故安倍元首相がロシアのプーチン大統領を招待したところです。

大型のホテルは循環風呂になりがちですが、小規模の旅館のいくつかは源泉かけ流しです。

源泉は2本で、合計すると1分当たり900リットルくらいです。

ホテル、旅館が12軒あるので、どうしても循環風呂が多くなるのかなという感じです。

アルカリ性単純泉で、つるつるすべすべ感が特徴です。日本各地のいろいろな温泉に入っていますが、この温泉地の泉質のやわらかさは、全国有数だと思います。

楕円《だえん》型の浴槽が実に風情あるでしょう。

旅館も木造で、湯治場の雰囲気があります。

つるつるすべすべの源泉

湯治場の雰囲気漂う外観

山口県長門市深川湯本2269

160
徳島県

祖《い》谷《や》温泉
和の宿 ホテル祖谷温泉

アルカリ性単純硫黄泉です。pHは9・1で、アルカリ度が高いです。

ケーブルカーを降りて歩くと、川沿いに露天風呂があります。

38度のぬるめの源泉がかけ流されています。

写真では透明に見えますが、日によって青白く見えることもあります。

微かな硫黄臭に加え、源泉中に細かな泡がたくさん見えます。

源泉の注入口は、泡で白く濁っています。全国的にも大変珍しい泉質です。源泉が新鮮な証拠です。

祖谷温泉は、ニセコ薬師温泉（北海道、廃業）、谷《や》地《ち》温泉（青森県）とともに、「日本三大秘湯」と呼ばれていましたが、建物が立派なせいか現在は秘湯感はあまりありません。

細かな泡がたくさん含まれている硫黄泉

かつての日本三大秘湯、祖谷温泉

徳島県三好市池田町松尾松本367-28

161 愛媛県

道後温泉 旅館常磐荘

道後温泉は「日本三大古湯」といわれていますが、源泉かけ流しの少ない温泉地です。

しかし、ここと道後湯の宿さち家さんは、立派に源泉をかけ流しています。

塩素浸けになっていないので、肌を刺すようなピリッと感や、かさかさ感がありません。

浸かると少しとろみを感じ、芳しい温泉臭がします。湯上がりは、肌が生き返ったような感じがします。

「本来の道後温泉の源泉はこんな感じか」ということが分かる、実に良い泉質です。

この旅館は、浴槽が一つだけです。

限られた源泉をかけ流しで提供するためには、浴槽を大きくしたり、数多く作ったりすることができないことが分かります。

貴重な源泉を大切に使っています

道後温泉の中ではこぢんまりした建物

愛媛県松山市道後湯月町4-2

162 愛媛県

権《ごん》現《げん》温泉 権現山荘

アルカリ性単純泉です。

松山市の郊外にあります。

道後温泉本館から車で15分くらいの距離です。

「四国にこんな本物の源泉かけ流しの温泉があるの」と思えるような温泉で、特徴はヌルヌル感です。

アルカリ度が高いのでしょう。道後温泉の数少ない源泉かけ流しの温泉よりも、ヌルヌル感があります。

湯上がりは全身つるつるになります。

源泉は28度なので、加温しています。

常時源泉がかけ流されているわけではありませんが、バルブをひねると加温された源泉がドバーッと出てきて、「セルフかけ流し」を楽しめます。

建物はしゃれていて快適です。料理もうまい。穴場の源泉かけ流し旅館です。

バルブをひねると源泉がドバドバ

湯上がりは全身つるつる

愛媛県松山市権現町甲820

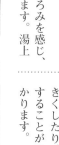

163
愛媛県

鈍《にぶ》川《かわ》温泉　鈍川温泉ホテル

ロケーションの良い露天風呂

JR今治《いまばり》駅からバスで30分ほどの場所にあります。

かなり泉質が良く、ヌルヌル感が強い。浴槽の中でずるっと滑りそうになります。

特に、ユニットバスの源泉風呂が素晴らしい。約20度の冷たい源泉です。温泉はなんでもかんでも沸かすのではなく、自然のままかけ流すのがベストです。

この源泉浴槽がサウナの冷やし湯に使われているのは大変残念ですが、湯量が多いのでまったく問題ありません。

露天風呂は、清流を見下ろす感じで風情があります。こちらは加温のかけ流しです。

川のせせらぎと、季節によってはホトトギスやカジカガエルの鳴き声しか聞こえない、静かな空間です。

四国らしい山あいの「香り」を感じます。

冷たい源泉風呂が値打ちあり

山あいの温泉地の中の貴重な源泉かけ流し

愛媛県今治市玉川町鈍川甲276

164
愛媛県

鷹ノ子温泉
たかのこの湯

アルカリ性単純泉です。四国では大変珍しい、源泉かけ流しです。

道後温泉から車で15分くらいです。

新源泉は47度で、露天風呂にかけ流されています。

つるつる感と微かな硫黄臭を感じる、やわらかな良い泉質です。

旧源泉は31度で内湯に半循環されていて、大体15分ごとに源泉がドバドバとかけ流されます。おそらく桝《たて》で源泉をためて、それがいっぱいになるとかけ流されるのだと思います。

この旧源泉の泉質が実に良い。とろみがあり、ぬるめで気泡が含まれています。

私は本来、半循環にはあまり入らないのですが、ここは源泉がかけ流されている間、その注入口辺りで浸かります。

定期的にドバドバかけ流しの旧源泉

新源泉は広めの露天風呂にかけ流し

愛媛県松山市鷹子町736-4

165
高知県

山里温泉旅館

アルカリ性硫黄泉です。冷鉱泉なので沸かしていますが、きちんと源泉かけ流しにされています。ありがたいことです。

四国では貴重な、源泉かけ流しです。

浸かると、少しぬるっとした感じがします。微かに硫黄臭もあります。薄濁りです。湯の花も舞っています。

温泉分析書のイオンの数値に特徴はありませんが、温泉分析書にはない泉質の良さを感じます。

実は、温泉分析書の数値と実際の温泉の品質は一致しないことが多いです。

建物からしばらく歩いて、川沿いの湯小屋に行きます。浴場と浴槽の手作り感がいいでしょう。

四国にもこんな素晴らしい温泉があります。

ぬるっとした肌触りの硫黄泉

掘り出し物を発見したような温泉

高知県須崎市上分乙1336

166
福岡県

筑後川温泉　ホテル花景色

湯煙に包まれた岩風呂、薔薇

この温泉地には、5、6軒旅館がありますが、源泉かけ流しの多い、良い温泉地です。
ホテル花景色は湯量が多く、浴槽がたくさんあります。
アルカリ性単純泉が、豪快にかけ流されています。
とろみがあって、肌によくなじむ感じの泉質です。少し硫黄臭がします。アルカリ度が高く、「美肌の湯」といわれています。

本館の大浴場以外に、別館の岩風呂「薔薇《ばら》」と畳風呂「菖蒲」があり、時間帯によって男女交代になります。

他にも、貸し切り風呂が5カ所あります。どこも湯量が多いです。たくさんの浴槽に、泡々つるつるの源泉を惜しみなく使用しています。

泉質の良さに加えて豊富な湯量の旅館は素晴らしいです。

貸し切り風呂ひなげしの湯

別館は茅葺《かやぶき》屋根の建物

福岡県うきは市浮羽町古川1097-1

167 佐賀県

古《ふる》湯《ゆ》温泉 源泉かけ流しの湯 旅人宿 東京家

古湯温泉の老舗旅館で、「東京家」は昔の屋号だそうです。

アルカリ性単純泉です。39度くらいの源泉を加温せずにかけ流しています。

写真の向かって右の浴槽は加温しています。

pHが9・7です。ほどよいヌルヌル感があります。やわらかく肌に優しい泉質で、浸かっていると、うとうとと眠くなります。

もともと英龍《えいりゅう》源泉があった温泉地ですが、もっと湯量の多い熱い源泉が必要ということで、徐福《じょふく》源泉を掘り当てたようです。

それにしても、徐福とはすごい。

秦の始皇帝の命を受け、不老長寿の薬を探しに日本に来たかもしれないとされる人物です。

ぬるめの徐福泉

インパクトある屋号、東京家

佐賀県佐賀市富士町古湯836

168 佐賀県

嬉《うれし》野《の》温泉 山水グローバルイン

ナトリウム－炭酸水素塩・塩化物泉です。

源泉かけ流しとアートの宿を標榜《ひょうぼう》しています。

浴槽の壁に、これでもかというくらいにアートが描かれています。手塚治虫さんの絵に似ている感じがします。

嬉野温泉は、源泉の泉質が良いにもかかわらず、源泉かけ流しの少ない残念な温泉地ですが、この宿は源泉かけ流しです。

少しとろみのある化粧水のような、つるつるの泉質です。浸かると、思わずにんまりしてしまいます。

化粧水は付けたことがないので、イメージで書いています(^^)。

三韓征伐《せいばつ》で有名な神功《じんぐう》皇后の「あなうれしや」に由来する、嬉野温泉のかけ流しの泉質の良さを堪能できます。

見事なアートの浴室

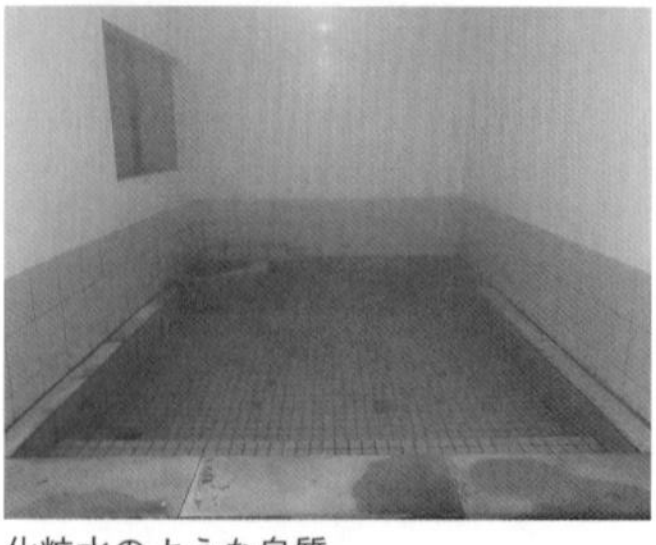

化粧水のような泉質

佐賀県嬉野市嬉野町下宿丙28

169 長崎県

湯の本温泉 旅館長山

壱岐島《いきのしま》にある湯の本温泉は、源泉かけ流しの多い温泉地です。

ナトリウム－塩化物泉です。旅館長山の温泉はぬるめです。肌触りはさらさらしていますが、源泉が非常に濃厚でじんわりと温泉成分が染み込んできます。

温泉のカルシウム分の凝固、すごいでしょう。しばらくかき混ぜないとこうなります。浸かると、表面をパリッと割る感じがします。

温泉の表面が凝固する温泉は、国内各地にいくつかありますが、ここはトップクラスです。

建物は少しひなびた感がありますが、敷地内に自家源泉を持っていて、湯が新鮮で力があります。

最高レベルの泉質です。

カルシウム分が凝固している

源泉かけ流しの多い壱岐島

長崎県壱岐市勝本町湯本浦43

170 長崎県

島原温泉 HOTEL シーサイド島原

ここは炭酸濃度がすごい。大分県の七里田《しちりだ》温泉、筌《うけ》の口温泉 山里の湯クラスの炭酸量です。

含二酸化炭素－ナトリウム・マグネシウム・カルシウム－炭酸水素塩泉です。

鮮やかなワインレッドです。浸かった瞬間、ピリッときて全身に細かな気泡が付きます。しばらくすると、ぬる湯なのに体の芯からじんわりと温まってきます。

飲泉すると、金気を帯びたサイダーそのものです。

炭酸泉の王道のような泉質で、湯治処の名に恥じません。

自家源泉をかけ流していますが、湯量的に小さな浴槽です。露天の源泉浴槽は、二人入るといっぱいです。

島原は、温泉も湧水も豊富です。熊本港から高速フェリーで行く、風光明媚《めいび》な場所です。

ワインレッドの源泉かけ流し

湯治処の名に恥じない泉質

長崎県島原市新湊1-38-1

171 長崎県

小浜《おばま》温泉　春陽館

1階大浴場 山頭火の湯

2階大浴場 茂吉の湯

これぞ老舗旅館の風格

長崎県雲仙市小浜町北本町1680

小浜温泉は、105度といわれる超高温の源泉が湧出しています。

温泉街の至る所に湯煙が上がっている、温泉力の高い温泉地です。

この宿は小浜温泉の老舗で、建物の造りが立派です。温泉街の中でもひときわ目立ちます。

浴槽が趣あるでしょう。古き良き温泉宿の浴槽です。

ナトリウム－塩化物泉です。浸かると、塩分とミネラルの利いた源泉に体が包まれます。

じわーっと温泉成分が染み込んでくる感じのよく温まる泉質で、結構疲れます。

料理もサービスも行き届いています。それでいてリーズナブルです。老舗の風格がある総合力の高い旅館で、私の定宿の一つです。

172
熊本県

山《や》鹿《ま》温《が》泉 新《しん》青《せい》山《ざん》荘

源泉がかけ流される音に驚きます

ドバドバの源泉噴出

外観からは想像しにくい、源泉かけ流し温泉

熊本県山鹿市新町104

全国さまざまな温泉に行くと、少々のことでは驚かなくなるのですが、ここに初めて来た時は「おおーっ！」と叫びそうになりました。

写真からは分かりにくいかもしれませんが、ここまでやるかとばかり、ゴゴーッと源泉が大量にかけ流されています。

とてもびっくりしました。

山鹿温泉はもともと湯量の多い場所ですが、それでもこれくらいアルカリ性単純泉が大量にかけ流されている所はありません。

気泡が大量に含まれて、山鹿温泉特有のつるつる感がさらにパワーアップしている感じです。

建物は一見ビジネスホテル風ですが、泉質の良さと湯量の多さが素晴らしい。

173
熊本県

はげの湯温泉 湯宿 小国のオーベルジュ わいた館

屋上にある天空の湯

目にも鮮やかなコバルトブルー

浴槽が多く、しかもすべて貸し切り風呂

熊本県阿蘇郡小国町西里3006-2

以前はわいた山荘という名前でしたが、経営者が変わって少しおしゃれになりました。

はげの湯温泉は、至る所で湯煙が上がっている温泉力の強いエリアです。

ナトリウム‐塩化物泉ですが、メタケイ酸を多く含んでいるので、このようなきれいな青色になります。

「天空の湯」という露天風呂は旅館の屋上にあり、夜は星がきれいです。また、ライトに照らされて揺れる竹林が幻想的な「竹林の湯」も、実に絵になります。

これらの露天風呂以外にも、内湯一つと混浴露天風呂と半露天風呂があり、レベルの高い源泉をとことん楽しむことができます。

メタケイ酸が多いので、肌がつるつるすべすべになります。

174 熊本県

山川温泉 旅館山林閣

わいた温泉郷の近くにあります。

この辺りは、本当に温泉力の強いエリアです。

滝を眺めながらの露天風呂がいいでしょう。青光りした硫黄泉が、かけ流されています。

露天風呂の浴槽は二段階になっています。

とにかく硫黄の濃度が濃くて、香りもすごい。とろみがあって、湯の花も舞っています。

滝のマイナスイオンと硫黄臭のコラボは、おそらくここだけだと思います。

以前、ある社長ご夫妻と一緒に宿泊したことがあります。

この旅館の売りは、熊本県なのにカニ料理。北海道から仕入れるそうです。

ご夫妻は、あまりの意外さに目が点になっていました(^^)。

滝のマイナスイオンと硫黄臭のコラボ

純和風の温泉

熊本県阿蘇郡小国町北里1435-1

175 熊本県

地獄温泉 青風荘

２０１６年4月の熊本地震で壊滅的な被害を受けました。

約50人の宿泊客が孤立してしまい、近くの阿蘇大橋は崩落。そんな中でも、「すずめの湯」はこんこんと源泉が湧いていたそうです。

19年4月にすずめの湯は完全復活しました。

硫化水素型の硫黄泉は、健在でした。

適温の本物の硫黄泉がポコポコと、足元湧出しています。

全国屈指の足元湧出泉です。

地球のパワーを感じることのできる温泉です。

22年の秋時点で、かなり復興工事が完了している印象です。

以前よりもしゃれた建物になりました。

近くの垂玉《たるたま》温泉も復旧しています。

すずめの湯は健在

ほとんど復旧しました

熊本県阿蘇郡南阿蘇村河陽2327

176
熊本県

湯の児《こ》温泉 松原荘

温泉地の一番奥にあります。松原荘の自家源泉は、同じ温泉地の他の旅館よりも少し濃い感じがします。

ナトリウム-塩化物泉です。少し緑がかっていて、硫黄臭がします。

浸かると、塩化物泉らしく肌がしっとりします。

少しとろみのある源泉が、ガスと一緒にボコボコと注入されています。

熱くもぬるくもない適温です。

べたつき感は少ないです。

源泉かけ流しの多い湯の児温泉の中でも、泉質の良い自家源泉です。

温泉地で自家源泉を持っている旅館には、品質の良い源泉をかけ流しているところがあります。それを見つけるのも温泉巡りの楽しみの一つです。

濃さを感じる自家源泉

素朴で落ち着ける旅館

熊本県水俣市湯の児温泉

177
熊本県

湯の鶴温泉 湯宿 鶴水荘

アルカリ性単純泉です。少し硫黄臭がします。

しっとりして、じわーっとくる感じの泉質です。

循環風呂では、決して味わえない感触です。

水俣市の山あいの、のどかな郷愁漂う温泉地です。

どこか懐かしい感じがして、本当に癒やされます。温泉だけでなく、土地の雰囲気も楽しめます。

旅館が数軒と共同湯が1軒あり、いずれも源泉かけ流しです。

「川ん湯」と名付けられた露天風呂が素晴らしい。写真では少し分かりにくいですが、実際はもっと川にせり出しています。川に落ちそうな感じです。

こぢんまりとした旅館ですが、浴槽は多いです。

川にせり出した川ん湯

鶴が発見したと伝えられる温泉地

熊本県水俣市湯出1565

178
熊本県

黒川温泉　旅館こうの湯

日本一深いと思われる立ち湯

自然の中の広々とした露天風呂

源泉かけ流しが当たり前の黒川温泉の宿

熊本県阿蘇郡南小国町満願寺6784

黒川温泉にある、ふもと旅館と同じ系列で、宿泊客は両方の温泉を利用できます。

ナトリウム・カルシウム－硫酸塩・炭酸水素塩・塩化物泉です。少し緑色がかった感じのマイルドな泉質です。

ここの売りは、なんといってもメイン写真の「立ち湯」です。日本一深いです。深さが162センチメートルもあり、背の低い人は完全に溺れます(^^)。

浴槽にかけている木につかまって入る人もいます。体が浮いて、実に気持ち良い。

こういった個性のある浴槽を、おかしな規制でなくしてもらいたくないです。温泉に関する「規制緩和」が必要です。

温泉は泉質の個性が重要ですが、浴槽の多様性や個性もそれに劣らず重要です。

179 熊本県

天草下田温泉　望洋閣

ナトリウム－炭酸水素塩・塩化物泉です。

浸かると、つるつる感のあるやわらかい泉質です。

火山性の温泉ではなく、太古の時代に川の水が天草陶石《とうせき》層に浸透して温められたそうです。

浴室のステンドグラスがきれいです。

天草下田温泉は何軒か旅館、ホテルがありますが、ここ以外にも源泉かけ流しがあります。

この宿は夕日を売りにしているので、夕日が沈む時間になると館内放送があり、宿泊客は夕日の見えるスポットに集まります。

東シナ海に沈む夕日は、息をのむくらい荘厳です。思わずビートルズの“*A Day in the Life*”を口ずさんでしまいました。

ステンドグラスがきれいな浴室

夕日が美しいホテル

熊本県天草市天草町下田北1201

180 熊本県

菊池温泉　湯元旅館

菊池温泉には、約40軒の旅館があります。

比較的大きな温泉地です。

この旅館もその温泉地の中心にあります。

源泉を「沸かさず、薄めず、循環なし」と標榜《ひょうぼう》されています。素晴らしいキャッチフレーズです。

本物の源泉かけ流しです。

旅館組合のパンフレットには、「乳液のような・しっとり・つるつる感があります」とありますが、まさにそのとおりの泉質です。

アルカリ性単純泉です。

主浴槽と家族風呂があります。主浴槽は二段で、向かって右の浴槽は少しぬるめです。

浸かると、芳醇《ほうじゅん》な温泉臭を感じます。

近くの山鹿《やまが》温泉、平山温泉、植木温泉とともに、とろとろの泉質の温泉地です。

とろとろつるつるの主浴槽

湯元の貫禄

熊本県菊池市隈府1121

181
大分県

長湯温泉
名湯の宿　山の湯かずよ

温泉の表面はパリパリ

ナトリウム・カルシウム−炭酸水素塩泉です。

緑白色の源泉がきれいでしょう。

カルシウム分が強くて、浴槽の縁にかなり凝固していますし、源泉の表面は膜を張っています。

朝イチ入浴では、パリッと表面のカルシウム分の膜を割って入る感触が味わえます。

ピュアな源泉に浸かることで、その力を知ることができるので、朝イチ入浴はおすすめです。

阿蘇山の溶岩が凝固した六方石を、男女の境に配置しています。

長湯温泉は炭酸泉のイメージが強いかもしれませんが、この泉質が本来のもので、私はこちらの方が好きです。

地元で「エノハ」と呼ばれるヤマメのフライが実にうまい。

緑白色の濃厚な源泉

田園地帯にひっそりたたずむ静かな宿

大分県竹田市直入町長湯横枕2405

182
大分県

別府温泉　野上本館

アートな貸し切り風呂

　ＪＲ別府駅から歩いていこうと思えば、歩ける距離にあります。
　ナトリウム・カルシウム－炭酸水素塩泉です。
　以前は夕食の提供がありましたが、現在は朝食だけです。
　私は別府温泉の共同湯巡りをする時、よくここに素泊まりしていました。街中で、近くに料理屋さんがたくさんあるからです。

　旅館の売りは、宿泊客のみが利用できる、タイルがきれいなアートの貸し切り風呂です。

　内湯は、路面電車の敷石に源泉を流しています。凝固物がすごい。温泉成分の濃さが分かります。

　浸かると実にやわらかく、肌がしっとりします。

　竹瓦《たけがわら》温泉や梅園温泉は、目と鼻の先です。

路面電車の敷石に源泉のかけ流し

別府温泉巡りの拠点に最適

大分県別府市北浜1-12-1

183 大分県

明礬《みょうばん》温泉 小宿YAMADAYA 山田屋旅館

灰色のこってりとした強酸性の源泉

すぐ近くで湧出した源泉をそのままかけ流している

噴煙立ち込める明礬温泉の一角にある

大分県別府市明礬3組

別府八湯の中でも、鉄輪《かんなわ》温泉と明礬温泉は双璧と言っていいと思います。

山田屋旅館は、明礬温泉でもただ一つの緑礬《りょくばん》泉の源泉を持つ旅館です。

pHが1・7で強烈です。人によっては、きつすぎるかもしれません。

こぢんまりした旅館で、旅館の外に家族湯が二つだけあります。立ち寄り湯はありません。

旅館の玄関を出てしばらく行くと温泉棟があり、階段を下りると浴槽が二つあります。源泉が湧いていて、それを浴槽にかけ流しています。

灰色の濃厚な泉質です。じんわりと体に温泉成分が染み込んできます。

源泉の泉質のみならず、料理もアメニティーもレベルが高い旅館です。

184
大分県

ろくがさこ温泉
源泉　俵屋旅館

まさに湯治場の内湯

色の薄い奥の浴槽が冷たい源泉風呂

こういった秘湯で湯治をしたいです

大分県臼杵市藤河内ろくがさこ温泉

　山の中の、かなりの秘境にあります。

　含炭酸－ナトリウム・カルシウム－塩化物・炭酸水素塩泉です。

　源泉は25度くらいで、重たい感じの濃厚な泉質です。湯治場っぽい浴槽の感じがいいでしょう。

　それから壁に付けられた手形。これは浸かった人が泥をすくって壁に跡を付けているのです。

　壁の高い所にある手形は、どうやって付けたのだろうと思いました。

　私もチャレンジしたのですが、浴槽が思ったよりも深くて無理でした(^^)。

　源泉風呂は、浸かると冷たいです。しかし、ジワジワ温まってきます。源泉風呂は夏場でないと厳しいかもしれません。

185
大分県

筌《うけ》の口温泉　旅館　新清館

木々に囲まれた、絵になる露天風呂

ナトリウム・マグネシウム・カルシウム－炭酸水素塩・硫酸塩泉です。

「こぶしの湯」と名付けられた露天風呂、いいでしょう。木々に囲まれて、自然と一体になった混浴風呂です。

写真では黄土色に見えますが、日によって温泉が緑色に見えることもあります。本物の温泉は「生きている」ことがよく分かります。

浴槽は大きく、注入される湯量も多いです。

キシキシした感じの湯触りで、微かに金属臭がします。

内湯もあります。レトロで渋いでしょう。内湯の方が、炭酸分が多くて肌に気泡が付きます。

旅館を出て坂を上っていくと、炭酸泉の山里の湯があります。隣には、「筌の口共同浴場」があります。

炭酸分の多い内湯

山里の湯の近くの坂を下りた場所にある

大分県玖珠郡九重町田野1427-1

186
大分県

法《ほっ》華《け》院温泉山荘

この硫黄泉に入るためなら、登山は苦になりません

ごつごつした山道を登ります

旅館が見えた時はホッとします

大分県竹田市久住町有氏1783

九重《くじゅう》登山口から3時間ほど歩いて、やっと着きます。山道は石が多くて歩きにくく、結構険しいです。道に迷うことはありませんが、かなりスリリングです。

内湯と露天風呂が一つずつあります。

湯の花が浮いた硫黄泉が、素晴らしいです。

湯量はあまり多くありませんが、大変濃い泉質です。

山荘にたどり着くと、大きな仕事をやり終えたような達成感があります。

ただ、私のように目的が登山でなく、純粋に温泉である人はほとんどいないようです。食事の時に、そのことをひしひしと感じました。

周りはすべて登山客で、温泉より登山の話題で盛り上がっています。

187 大分県

豊後の森郷七福温泉 宇《う》戸《と》の庄

かなり山奥の交通が不便な場所にあります。当然、携帯電話はつながりません。よくこんな所にバンガロー風の立派な建物を造られたと思います。

単純泉ですが、モール泉です。きれいなコーラ色です。モール臭が芳しいです。

写真では少し分かりにくいのですが、特徴は炭酸ガスをかなり含んでいることです。

温泉の表面が少し泡立っています。炭酸シュワシュワのモール泉は、かなり珍しいのではないかと思います。

浸かると、ヌルヌルシュワシュワといった独特の感じがします。

露天風呂はぬるめの源泉で、長湯できました。冬場は少し厳しいかもしれません。

目にも鮮やかなコーラ色のモール泉

アクセス困難な秘湯

大分県玖珠郡玖珠町森谷の河内4398-2

188 大分県

鴫《しぎ》良《ら》温泉 耶《や》馬《ば》渓《けい》観光ホテル

耶馬渓温泉郷にあります。アルカリ性単純泉のモール泉の湯量が実に多い。

湧出したばかりの源泉が、浴槽の中からボコボコと湧き出ていて、音も聞こえます。豪快な源泉かけ流しです。浴槽の縁から、源泉があふれています。

浸かると、つるつる感がすごい。モール臭も実に芳しい。循環風呂とは、雲泥の差の泉質です。

建物の外壁がはがれているなど、野暮《やぼ》なことは言う必要がありません。建物の中と浴室は、大変きれいです。

本物の温泉を提供しようという、経営者の熱意が感じられます。

簡単なことですが、これが意外に重要です。

私が本気で応援している旅館の一つです。

ボコボコと音がします

良質な源泉をそのままかけ流している

大分県中津市耶馬渓町深耶馬鴫良2968

189
大分県

由布院温泉　杜の湯　ゆふいん泰葉

全国的に大変珍しい青湯があります。このゆふいん泰葉以外には別府鉄輪《かんなわ》温泉、はげの湯で見られるくらいだと思います。

私の前著で紹介した束ノ間（旧庄屋の館）とここ、野蒜《のびる》山荘の3軒を、私は「由布院青湯トリオ」と呼んでいます。

この3軒は、いずれも自家源泉を持っています。

ゆふいん泰葉は、敷地内に湯煙が上っています。

ナトリウム－炭酸水素塩泉です。

写真では源泉が新鮮なせいか、青さが弱いですが、日によってはもっときれいな、絵の具を溶かしたようなブルーになります。

源泉中の微粒子が光に反射して、このようなブルーになります。

神秘的な青湯

由布院青湯トリオの一つ

大分県由布市湯布院町川上1270-48

190
大分県

三船温泉　民宿城山

マグネシウム・ナトリウム－炭酸水素塩・硫酸塩泉です。

緑白色の源泉が、凝固物でコテコテの浴槽にかけ流されています。

内湯と露天風呂が、一つずつです。

浸かると、ずっしりとした温泉成分が体にまとわりつきます。濃厚な泉質です。

泉質的には、かなり珍しい部類に入ると思います。強いて言えば、長湯温泉の濃厚なカルシウム分と七里田《しちりだ》温泉の炭酸分を併せ持つ泉質です。

少し薬品っぽい香りがします。

この温泉がある久住《くじゅう》高原は、泉質が多様で個性的な源泉かけ流し温泉が多いです。少し距離が離れただけで、まったく泉質が違うことがあります。地中の泉脈は、かなり複雑なのだろうと思います。

濃厚で凝固力の強い源泉

源泉かけ流しが多い久住高原

大分県竹田市久住町仏原1066-2

191
大分県

黒嶽荘

パリパリに膜が張った源泉浴槽

ボール状の器にそうめんを入れていただきます

山の中の本物の秘湯

大分県由布市庄内町阿蘇野2259-2

阿蘇くじゅうの原生林にある秘境で、山道をくねくねとたどって到着します。

9度の冷たい炭酸泉が、大量に湧出しています。

名物は、炭酸水にさらして食べるそうめんです。炭酸水の中に並んだ特製の器に入れていただくそうめんは、実にうまい。

温泉は、沸かし湯と源泉浴槽があります。源泉の方は成分が濃いので、カルシウム分が薄く膜を張っています。微かに凝固分が光っているでしょう。

寒の地獄温泉（九重）よりもさらに冷たいです。相当気合を入れないと入ることができませんが、いったん入った後はなぜか体が火照ります。

昭和35年開業で、私と同い年です。炭酸水が飲み放題の秘境温泉です。

192
宮崎県

京町温泉　松尾旅館

茶褐色のつるつるすべすべ源泉

年季の入った趣ある外観

小さい駅にイルミネーションがきらめく

宮崎県えびの市向江626

アルカリ性単純泉です。モール分を含む、茶褐色の源泉です。つるつるすべすべ感が半端ではありません。少し油臭もします。

この温泉地は、街中にあります。昭和を感じさせてくれる雰囲気です。

旅館は大正12年創業で、建物も浴槽も相当年季が入っています。

あまり宿泊料については触れないのですが、そこそこお酒を飲んでも1万円でお釣りがくるくらいの額です。

駅名に温泉が付いた駅の一つで、ＪＲ京町温泉駅からすぐの場所にあります。

電車の本数が少なく、あまり乗客の乗り降りはありませんが、駅前のイルミネーションが素晴らしかった。ちなみに、クリスマスシーズンではありません。

193
鹿児島県

妙《みょう》見《けん》温泉　ねむ

幻想的で広大な岩風呂

ナトリウム－炭酸水素塩泉です。

妙見ホテルを何年か前にリニューアルして、しゃれた（？）名前になりました。温泉の場合、リニューアルすると大体悪くなるのですが、ここは泉質が以前のまま、きれいになりました。

妙見温泉は、源泉かけ流しの多い温泉地です。高級系から湯治場まで、いろいろなタイプの施設があります。

ただ、源泉を水で薄めているなとか、あまり源泉の質が良くないなと思う旅館もあります。

妙見温泉の本来の泉質は、ゴムを焦がしたような独特の臭いと、炭酸のシュワシュワ感です。ここは、源泉をうまく使っていると思います。岩風呂はなかなかインパクトがあります。

内湯にも源泉がドバドバ

リニューアル大成功

鹿児島県霧島市隼人町嘉例川4386

194 鹿児島県

妙《みょう》見《けん》温泉

妙見楽園荘

妙見温泉の中の湯治場的な旅館で、少し坂を上った場所にあります。

ナトリウム・カルシウム・マグネシウム－炭酸水素塩泉です。

写真のとおり、茶褐色に濁っています。前に来た時は、もう少し炭酸成分があったような気がしましたが、それでも濃厚な良い泉質であることに変わりはありません。ゴムが焦げたような、妙見温泉独特の温泉臭がします。

この宿は素泊まりで、湯治客もいます。湯治客の目的は、一定期間滞在して自然治癒力を高めることなので、当然、泉質の良い源泉かけ流しになります。

全国各地の温泉に行くと、効能の良さが口コミで広がっている温泉に巡り合うことがあり、ここもその一つです。

天井が高く、シンプルな造りの湯治場

アトピー、神経痛などに効能がある

鹿児島県霧島市隼人町嘉例川4363

195 鹿児島県

安《あん》楽《らく》温泉

みょうばん湯

安楽温泉は旅館が4、5軒しかない、ひなびた温泉地ですが、泉質がめっぽう良い。しかも、どの旅館も湯治場の雰囲気があります。

新しい温泉分析書による泉質区分はありませんが、ナトリウム・カルシウム－塩化物・炭酸水素塩泉だと思います。ゴムを焦がしたような臭いと、青白い色が特徴です。

安楽温泉は、石原荘や雅叙《がじょ》苑《えん》のある妙見温泉との境が分かりにくい温泉地ですが、妙見温泉よりこちらの方が温泉成分は濃い感じがします。

安楽温泉は泉質が良いので、もう少しうまく宣伝できないのかなと思います。

ただそのおかげで、こんな最高の源泉を「独泉」できる幸福に浸れるのかもしれません。

安楽温泉の日帰り巡りは、最高です。

青白色に目を奪われます

温泉地全体が湯治場

鹿児島県霧島市牧園町宿窪田4193

196 鹿児島県

硫黄谷温泉　霧島ホテル

絵になる硫黄泉の立ち湯

泉質、湯量共に、日本を代表する温泉だと思います。

「庭園大浴場」にある広大な「立ち湯」の脇を、「赤松風呂」「長寿風呂」「黄金風呂」が固めます。庭園大浴場の外には、露天風呂の他、3種類の浴槽があります。

「これが温泉だ！」という掲示に、思わずうなずきました。

立ち湯は白濁した硫黄泉で、この他、明礬《みょうばん》泉、鉄泉、塩化物泉があります。

どの源泉も、それだけで温泉経営ができるくらいの泉質レベルと湧出量です。泉質の多さと浴槽の多さという点では、登別温泉第一滝本館と双璧をなします。

私が温泉に興味を持ったころは、完全に混浴でしたが、現在は女性専用ゾーンがあります。

源泉がドバドバ落ちてきます

「これが温泉だ！」、まったく同感です

鹿児島県霧島市牧園町高千穂3948

197
鹿児島県

祝《いわい》橋《ばし》温泉旅館

黒色のモール泉

つるつるの肌触り

日本武尊の祝宴の地

霧島市内にあります。

アルカリ性単純泉が勢いよくかけ流されている、非常に湯量の多い温泉で、いわゆるモール泉です。見事なまでの黒色で、浸かるとつるつるです。

霧島温泉は、鳴子温泉や塩原温泉などと並んで、温泉の種類が豊富な温泉地です。種類的には、ひととおり全部ある感じです。

この旅館は「日本武尊《やまとたけるのみこと》祝宴の地」として有名で、入口にその碑もあります。女装して熊襲《くまそ》を征伐し、ここで祝宴を開いたとされています。ちなみに、車で15分くらいの妙見《みょうけん》温泉には、熊襲の住処跡があります。

日本武尊の東征、「大和は国のまほろば……」の歌、日本の神話を若い人にぜひ学んでもらいたいですね。

鹿児島県霧島市牧園町宿窪田2280-1

198 鹿児島県

百薬の名湯　諏訪温泉

温泉成分が濃すぎてヒリヒリします

泉質が良い旅館で、知られざる穴場といっていいと思います。

茶色と深緑色が混じったような独特の色で、塩化物泉と表示されています。温泉分析書を見ると、それぞれの成分が濃いです。

源泉1リットル中の成分が4866ミリグラムで、かなり濃厚です。

浸かるとキシキシした感じで、炭酸分も感じます。金属臭がします。

源泉温度は45度くらいで、加温加水はありません。

内湯は二つに分けられていて、源泉が注入されている方の浴槽は熱めです。温泉成分が濃いので、肌がヒリヒリします。

露天風呂もあります。湯量の多い、総合力の高い温泉です。

何色と表現してよいか迷う不思議な色

江戸時代から続く歴史を感じさせる温泉

鹿児島県薩摩川内市入来町浦之名8920

199
沖縄県

三《み》重《え》城《ぐすく》温泉 ロワジールホテル那覇（島人《しまんちゅ》の湯、海人《うみんちゅ》の湯）

アートが美しい島人の湯

南国風の海人の湯

巨大で立派なホテル

沖縄県那覇市西3-2-1

1989年にオープンしたロワジールホテルにある温泉で、那覇市内で唯一の源泉かけ流しです。

40・9度の含ヨウ素-ナトリウム-塩化物泉です。

「島人の湯」と「海人の湯」があり、800万年前の化石海水が地熱で温められたそうです。

黄みがかっていて、塩っぽいです。湯の花が大量に浮遊しています。

少し薬品っぽい臭いがします。

島人の湯は、浴室のアートが美しい。よく温まる温泉で、湯上がり後も体がポカポカします。

海人の湯は、ロワジールスパタワー2階にあります。露天風呂はいかにも南国といった雰囲気で、シーサーの口から源泉が注入されます。

200
沖縄県

伊《い》計《けい》島《じま》温泉
AJリゾートアイランド伊計島

海が見られる貸し切りの源泉かけ流し

伊計島は、沖縄県中部のうるま市にある、海中道路を通っていく離島です。海中道路から見る海は、青く輝いています。

リゾートホテル風の建物です。ここの貸し切り風呂は、海を眺められる源泉かけ流しです。

ナトリウム－塩化物強泉で、黄土色のしょっぱい源泉です。ミネラル豊富で、少し昆布の風味がします。

源泉の注ぎ口が泡立っていることからも、その鮮度がよく分かります。

「黒潮の湯」という半循環の大浴場がありますが、源泉が濃厚なのであまり循環は気になりません。

貸し切り風呂は2カ所あり、それぞれに露天風呂の他、源泉かけ流しの内湯もあります。ぜいたく感が味わえます。

新鮮な源泉が泡立っています

伊計島の源泉かけ流し

沖縄県うるま市与那城伊計1286

1
北海道

羅《ら》臼《うす》温泉　熊の湯

いつも人でにぎわっています

羅臼町から知床峠に行く国道沿いにあります。

熊の湯という名前ですが、実際にクマが出没する可能性は高くないかもしれません。シカの家族には、遭遇したことがあります。

ナトリウム－塩化物泉です。国道から湯煙が見えます。以前行った時は白濁していましたが、写真を撮影した時は透明でした。硫黄臭はかなりします。

浸かると、肌にピリッときます。源泉が湧出したばかりで新鮮だからだと思います。

北海道の野湯らしいワイルドさと、開放感があります。

地元の方がきれいに掃除してくれています。誠にありがたいことです。

なお、八雲町にある平田内温泉熊の湯は、本当にクマが出そうです。

橋を渡って温泉に向かう

清掃時間（午前5時から午前7時）を除いて入れる

北海道目梨郡羅臼町湯ノ沢町

2
北海道

セセキ温泉

海中温泉の全景

セセキは、アイヌ語で「熱い」という意味らしいです。

羅《ら》臼《うす》から知床半島の海岸沿いを車で40分ほど行った所にあります。

満潮時は海に沈む温泉で、干潮の時にだけ入れます。ピンポイントの時間に行く必要があります。

入れる時期は、7月から9月上旬までです。

管理してくださっている番屋さんにごあいさつをして、温泉に入ります。

泉質は不明ですが、おそらくナトリウム‐塩化物泉だと思います。浴槽の足元から、自然湧出しています。

きれいに掃除されていて、誠にありがたいです。

ここは泉質の良さもさることながら、海の青さと心地よい海風が実に清々しいです。

足元湧出の塩化物泉

管理してくださっている番屋さんの建物

北海道目梨郡羅臼町瀬石

3 北海道

越《こし》川《かわ》温泉

無人で、貯金箱にお金を入れて入ります。

建物も浴槽もひなびているでしょう。

映画のロケにでも使ったらいいのに、と思える雰囲気の温泉です。

一応、斜里《しゃり》郡斜里町にありますが、かなりの秘境です。

近くに越川橋梁《きょうりょう》があります。

ナトリウム・カルシウム－硫酸塩・塩化物泉です。

源泉は少し熱めですが、ホースの水で薄めることができます。

茶褐色で、少し鉄分を含んでいます。金属臭の芳しい香りがします。茶色の湯の花が浮いています。

キシキシした感じの肌触りで、よく温まります。

このような素晴らしい温泉を管理していただいている方に、心から感謝です。

きれいに管理されていて感謝です

大自然の中の無人の温泉

北海道斜里郡斜里町越川

4 北海道

虎《こ》杖《じょう》浜《はま》温泉 山海荘

虎杖浜温泉は、ひなびた源泉かけ流しの旅館が多い温泉地です。

源泉を集中管理していないので、旅館ごとの泉質が個性的です。

泉質は単純泉です。

無色透明ですが、浸かると浴槽内でずるっと滑るような独特のヌルヌル感があります。芳しい温泉臭もします。肌になじむやわらかい泉質です。

少し熱めですが、入り心地がいいのであまり苦になりません。思わず笑みがこぼれるような快感です。

建物も浴槽も実にひなびています。昭和のレトロ感満載で、どこか癒やされます。

源泉は浴槽内の穴から勢いよく注入されています。

浴槽の縁の剥げたタイルが泣かせます。源泉の成分が濃いとそうなります。渋すぎます。

独特のヌルヌル感のある源泉

昭和レトロな雰囲気の旅館

北海道白老郡白老町竹浦151

5
北海道

然《しかり》別《べつ》湖《こ》温泉
しかりべつ湖コタン氷上露天風呂

氷上の混浴露天風呂

この日はしばれました

氷上露天風呂の入り口

北海道河東郡鹿追町北瓜幕

氷上露天風呂は、おそらくここだけだろうと思います。

冬に凍結した然別湖の上に、特設の温泉が造られます。

湖畔にある然別湖温泉ホテル風水からの引き湯です。ナトリウム－塩化物・炭酸水素塩泉ですが、かなり鉄分などを含んでいて源泉は濃厚です。

混浴で、狭い浴槽に老若男女が入っています。

北海道らしいおおらかな混浴文化です。

写真を撮影したのは、2019年です。このころは、新型コロナウイルスが感染拡大した状況を考えもしませんでした。

親子連れやカップルと一緒に、湯に浸かったのを懐かしく思います。

ふぶいていて、かなりしばれました(^^)。

6
北海道

ニセコ黄金《こがね》温泉

ナトリウム－塩化物・炭酸水素塩・硫酸塩泉が大量にかけ流されています。

　体温よりも低い、ぬるめの温泉です。

　浸かると体に気泡がびっしりと付いて、じんわりと温まります。

　内湯もシュワシュワ感があって、なかなかいいのですが、露天の寝湯と五右衛門風呂の源泉が新鮮で素晴らしいです。

　源泉はワインレッドのような色ですが、大露天風呂は茶色に濁っています。

　平成に入ってから、井戸水を掘ろうとしたら温泉が湧いてきたそうです。いかにも北海道らしい話です。

　かつては近くに、ニセコ薬師温泉という渋い温泉がありました。ここに来るたび、思い出します。

ワインレッドの露天の寝湯

おそばを食べることもできます

北海道磯谷郡蘭越町黄金258

7
北海道

吹《ふき》上《あげ》露天の湯

泉質は、表示がないのでよく分かりませんが、近くの白《はく》銀《ぎん》荘と同じ、カルシウム・ナトリウム－硫酸塩・塩化物泉だと思います。

　駐車場から緩やかな山道を少し下りていきます。上の湯と下の湯があります。

　体感的には、それぞれ46度と44度くらいでしょうか。

　地元の方が、きれいに掃除されています。誠にありがたいことです。

　ドラマ『北の国から'95秘密』の撮影に使われたことで、有名になりました（宮沢りえさんが入られました）。

　何回か行きましたが、いつも人が多いです。

　女性がしばしば入っている混浴無料露天風呂です。

　残念ながら、着替える所はありません(^^)。

結構熱い上の湯

上の湯に比べると、少しぬるめの下の湯

北海道空知郡上富良野町吹上温泉

8
北海道

白樺温泉

帯広市の中心から少し離れた住宅街にあります。

ｐＨ９・４のアルカリ性単純泉です。

44度の源泉を加水加温、塩素殺菌なしでかけ流しています。

泉質が実に素晴らしく、鮮やかな黄色です。

浸かった瞬間、とろみを感じます。ぬるっとした温泉成分が体にまとわりつき、肌に気泡が付きます。

源泉が新鮮な証しです。

主浴槽と岩湯の外にも、泡風呂などがあります。

帯広を訪れるたびに、ここと屋台に寄るようにしています。

かなり距離はありますが、黄みがかった色とぬるっとした触感が、沖縄県のテルメヴィラちゅらーゆの泉質に似ています。

ぬるめの源泉かけ流し

病みつきになる触感の温泉

北海道帯広市白樺16条西12-6

9
北海道

昭和温泉

函館市には日帰りの源泉かけ流し温泉がいくつかあり、どこを紹介するか迷ってしまいます。

花園温泉、にしき温泉、山の手温泉、谷地頭《やちがしら》温泉などがあり、温泉力が強いエリアだと思います。

昭和温泉は、函館市昭和にあります。目にも鮮やかな緑色の源泉です。

ナトリウム・カルシウム－塩化物泉です。

露天風呂の奥に池があり、ニシキゴイが泳いでいます。

浸かるとキシキシした感じで、温泉成分の濃さを感じます。微かに金属臭もします。

内湯も源泉かけ流しです。

安くてボリューミーな食堂が、併設されています。

日帰り温泉巡りの途中に腹ごしらえできるので、助かります。

露天風呂の奥は池

地元の人でにぎわう街中の日帰り温泉

北海道函館市昭和2-39-1

茶色と緑色の源泉のコラボ

10
北海道

東《ひがし》前《まえ》温泉　しんわの湯

北斗市の国道沿いにあります。

ホテル秋田屋に併設された日帰り温泉です。

アルカリ性単純泉とナトリウム・カルシウム－塩化物泉、2種類の源泉があります。

茶色の源泉が単純泉で、モール分を含んでいます。浸かると、つるつる感があります。

緑色の源泉が塩化物泉で、キシキシした感じです。金属臭がします。

2種類の源泉が、並んでかけ流されていて壮観です。北海道らしい、おおらかな湯使いです。

どちらも湯量が多く、温泉力を感じます。

露天風呂のエリアには、ひのき風呂、岩風呂、歩行湯、寝湯があります。豊富な良質の源泉をとことん楽しめます。

露天にもさまざまな源泉かけ流し温泉がある

国道沿いの湯量の多い日帰り施設

北海道北斗市東前85-5

11 青森県 あたご温泉

弘前市の桜温泉から、車で数分の距離にあります。高台にある、日帰り温泉施設です。桜温泉は緑灰色《りょくかいしょく》の濃い温泉ですが、ここは薄菊色の泡々のモール泉です。

ぬるめのナトリウム－塩化物・炭酸水素塩泉です。

源泉の注入口がすごいでしょう。見事に泡立っています。これが本物の「ドバドバ温泉」です。

やはり温泉の生命線は、圧倒的な湯量だということが再認識できます。

新鮮な源泉が、浴槽にあふれています。

浸かると体に気泡が付いて、ヌルヌルふわふわになります。

外観は普通の温泉施設ですが、湯量も泉質も半端ありません。

弘前市内の源泉かけ流し温泉、おそるべしです。

ドバドバ、泡々、つるつる

外観からは想像できない高品質の源泉

青森県弘前市愛宕山下127-25

12 青森県 白《はく》馬《ば》龍神温泉

弘前市は、源泉かけ流し温泉が多く、しかも泉質がそれぞれ個性的です。

白馬龍神温泉は、ナトリウム－塩化物・硫酸塩泉です。

写真は茶色に見えますが、実際は笹濁りに近い感じです。

浴槽の縁の凝固物がすごいでしょう。この上を歩くと足の裏が痛いです。

凝固物が源泉の濃さを物語っています。

浸かると、源泉がずっしりと体にまとわりつく感じで、かなり疲れます。少しとろみがあるというか、こってりした感じの泉質です。

金属臭がします。それにほどよい塩味です。

ちなみに、長野県白馬村にも同じ名前の温泉があり、ここも源泉かけ流しです。まったく同じ名前の温泉があるのは、珍しいです。

歩くと足の裏が痛いくらいの凝固物

街中の温泉で、この泉質

青森県弘前市小栗山芹沢2-1

若松会館

13
青森県

大《お》鰐《わに》温泉　若松会館、青柳会館、大湯会館

青柳会館

大湯会館

青森県南津軽郡大鰐町大鰐

地元では「共同湯」よりも、「共同浴場」といわれています。

はしご湯ができる若松会館、青柳会館、大湯会館はいずれも街中にあり、それぞれ歩いて数分の距離です。

ナトリウム・カルシウム－塩化物・硫酸塩泉が、かけ流されています。

源泉はそれぞれ違いますが、泉質的には似た感じです。

ほんのりミネラルを含んだような塩味で、保湿保温効果があります。キシキシとした肌触りです。

よく温まって、なかなか汗が引きません。

大鰐温泉にはかつて、10カ所の共同湯がありましたが、現在は4カ所に減ってしまいました。これは全国的な傾向です。

ちなみに大鰐温泉は、温泉で育てたもやしが名物です。

14 青森県

光《こう》風《ふう》温泉

有限会社光風自動車商会の運営で、隣接しています。

コーラ色でヌルヌルのナトリウム-塩化物・炭酸水素塩泉です。俗にいうモール泉ですが、ここのヌルヌル感はかなりすごいです。

浴室も浴槽もひなびています。床は温泉成分で変色しています。

脱衣所の壁に「車検1台につき入浴券10枚、新車購入1台につき入浴券20枚」と掲示がありました。経営者の自動車会社と一体になったサービスは珍しいです。

歩いていける距離に、屛風《びょうぶ》山《さん》温泉、しゃこちゃん温泉といった泉質が似た、良い温泉があります。しゃこちゃんの名前の由来はこの辺りで出土した遮光器土偶に由来します。

JR五能線木造《きづくり》駅に、その巨大なモニュメントがあります。

ヌルヌルのモール泉

光風自動車商会に隣接

青森県つがる市森田町下相野野田73-3

15 青森県

三沢温泉 三沢保養センター

アルカリ性単純泉です。加温も加水も一切ありません。

泉質がかなり良く、とろみがあって体にじわーっときます。

つるつる感がすごいです。湯量も多い。

浴槽の縁から源泉があふれているのが、お分かりいただけると思います。

建物も浴室も大変レトロでひなびています。

浴室の壁やタイルは相当年季が入っていますが、きれいに掃除されています。

いつも地元の方で大変にぎわっている温泉です。

青森県は、鹿児島県と並んで日帰りの源泉かけ流しが多いところです。

三沢市は米軍基地のイメージが強いかもしれませんが、市内には何カ所か本物の源泉かけ流しの施設があります。

浴槽の縁から源泉があふれています

地元の方でにぎわっています

青森県三沢市三沢園沢41-32

16 青森県

六《ろくの》戸《へ》温泉　宝温泉

六戸町には、六戸温泉旅館や、六戸ヘルスセンターなどのレトロな激シブの温泉があります。

ここも時の流れが止まったかのような懐かしさを覚えます。

ナトリウム－塩化物泉です。浸かると、体に源泉がまとわりつく感じがします。

源泉は、とろみがあって重たい感じです。

強いて言えば、大阪府堺市のトキワ温泉に近い泉質です。浴槽も壁の絵も渋い。ここまでくると、温泉国宝か温泉芸術です。

入り口で声をかけても反応がなく、番台のおばあさんが熟睡していました。実にのどかで癒やされます。

向かって左の浴槽（写真）は、深さが1メートルくらいあります。

壁の絵も浴槽も渋い

温泉国宝か温泉芸術

青森県上北郡六戸町犬落瀬後田9-1

17 青森県

すもも沢温泉郷

上北郡七戸町《しちのへまち》にあります。アルカリ性単純泉です。どういうわけか「温泉郷」という名前ですが、田んぼの中の一軒家です。

旧館と新館があり、旧館は大きなポリバスでなかなかワイルドです。

新館の浴槽は、木製です。どちらも少しとろみのある薄い茶色のモール泉がかけ流されています。芳しいモール臭がします。

浸かると、つるつるすべすべ感があります。少し気泡が付きます。

モール泉の中でもレベルの高い、良い泉質です。

管理人さんはいないことが多く、カウンターにお金を置いて入ります。

信頼関係で成り立っている日帰り温泉です。

朝4時から営業しています。

ポリバスに薄茶色のつるつる泉

左が旧館、右が新館

青森県上北郡七戸町李沢道ノ下22-1

18
宮城県

小《お》原《ばら》温泉　かつらの湯

市営の半洞窟温泉

白石市市営の共同湯で、白石川沿いの半洞窟温泉です。駐車場から少し歩きます。

受付でお金を払い、のれんをくぐって階段を下ります。浴槽は男女一つずつです。岩に木を組んで屋根を造っていて、少し薄暗いです。

単純泉です。無色透明ですがとろみがあり、湯上がりはしっとりします。微かに温泉臭もします。

少し熱めです。温泉成分が濃いためか、少し浸かっただけでかなり温まります。というか、汗だくになります。

夏場に来ると、汗まみれになって大変だろうと思います。

せっけんやシャンプーは使えません。川の魚が死んでしまうからだそうです。

自然の中の穴場的な共同湯です。

岩にうまく木を組んでいます

すぐ前は白石川の清流

宮城県白石市小原坂上66

19
秋田県

十和田大湯温泉
上の湯、荒瀬の湯

上の湯のレトロで素朴な浴室

コミュニティーの機能も持つ上の湯

「大湯温泉」は、同じ秋田県の小安《おやす》峡や新潟県にもありますが、ここは「十和田大湯温泉」と呼ばれることが多いようです。

こぢんまりした街中に50カ所くらい、熱めの源泉が湧出している温泉力の高い地域です。

写真は「上の湯」と「荒瀬の湯」です。それ以外に「下の湯」と「河原の湯」もあります。

四つの共同湯は、いずれも地元密着型です。地元の方の利用頻度が高いのだと思います。共同湯が、社交の場になっている印象を受けました。

旅館も数軒ありますが、自家源泉を持っているところが多いようです。

ナトリウム‐塩化物泉です。塩化物泉といってもあまり塩分は強くなく、肌に優しいしっとりした感じの泉質です。

荒瀬の湯の共同湯らしい風情

入り口が少し分かりにくい、川沿いの荒瀬の湯

秋田県鹿角市十和田大湯荒瀬25-3

20 秋田県

水沢温泉郷 露天風呂 水沢温泉

含硫黄－カルシウム・マグネシウム・ナトリウム－硫酸塩・塩化物泉です。

元湯 水沢山荘の日帰り温泉は、青白い源泉が鮮やかで美しく、息をのんでしまうほどです。絵になる温泉でしょう。

硫黄臭が、マイルドで芳しいです。

浸かると、つるつる感がします。温泉成分の豊富さと濃さを実感できます。この日は青白色ですが、緑白色に濁ることもあるようです。

とろみのある、良い泉質です。

露天風呂は深さが１メートルほどあるので、中腰で入ります。

内湯にも源泉がかけ流されています。

湯量の多さと泉質のやわらかさを実感できる温泉です。

息をのむような鮮やかな色の温泉

素泊まりもできます

秋田県仙北市田沢湖生保内下高野73-15

21 秋田県

小《お》安《やす》狭温泉 元湯共同浴場 山神の湯

湯量が多い温泉地です。川沿いの大噴湯では、岩から横殴りに高温の源泉が噴き出しています。

この共同湯は、道路沿いに一切表示がありません。地元の方専用なのです。

外部の人は、近所にある３軒のどなたかに２００円を払って温泉に入ります。

ひなびた建物も浴槽も渋い。温泉分析書など野暮《やぼ》なものは掲示されていませんが、ナトリウム－炭酸水素塩・塩化物泉だと思います。

微妙な硫黄臭と塩味がいい。やわらかく、癒やされる泉質です。

地元の観光協会に聞くと、新しくてきれいな「小安温泉共同浴場」を紹介されますが、そちらは普通の共同湯です。

「本物」は少し分かりにくい所にあります。

このひなびた浴槽、渋すぎです

管理されている地元の方に感謝です

秋田県湯沢市皆瀬湯元

22
秋田県

大深温泉《おおぶか》

八幡平国立公園の中の湯治場

十和田八幡平《はちまんたい》国立公園の中にある湯治場で、単純硫黄泉です。

湯小屋の中に小さめの浴槽があり、熱めの源泉が樋《とい》からかけ流されています。

樋を横にずらして熱めの源泉を捨てて、水を加えて適温にして入ります。

青白く濁っています。湯の花が舞って、硫黄分が底に沈澱しています。

浸かると、見掛けよりも肌に優しい泉質です。

ここのもう一つの売りは、オンドルです。

ござの上に寝転がると、じわーっと温まってきます。

場所は、蒸《ふけ》ノ湯温泉の近くです。

11月上旬から6月上旬まで休業で、もちろんゴールデンウィークの営業もありません。

珍しいオンドル

坂を下りて行きます

秋田県仙北市田沢湖玉川大深沢地内

23
山形県

湯《ゆ》田《た》川《がわ》温泉　田の湯

細かな泡に体が包まれます

湯田川温泉は源泉かけ流しの多い、良い温泉地です。ナトリウム・カルシウム－硫酸塩泉です。

近くのお店でお金を払って、鍵を借ります。

小さめの浴槽に、これでもかというくらいの源泉が勢いよくかけ流されていて、源泉の注入口が泡立っています。浴槽の大きさに比較した湯量という点では、ここは日本有数だと思います。

細かな泡がたくさん含まれていて、フワーと体が浮くような独特の感じがします。つるつる感が、半端ではありません。

この温泉地には、もう一つ「正面の湯」という共同湯がありますが、個人的にはこちらの方が浴槽の大きさに比べて湯量が多く、泡付きがいいように感じます。

ドバドバ感がすごい

近くのお店でお金を払って入ります

山形県鶴岡市湯田川乙39-17

24
山形県

舟唄温泉
テルメ柏《はく》陵《りょう》健康温泉館

この日は青みがかった灰色

温泉巡りをしていると、「これは珍しい泉質やな」と感じる所がたまにありますが、ここがまさにそうでした。

写真の温泉の色を見ただけで、効きそうな感じがするでしょう(^^)。

泉質は、含硫黄－カルシウム・ナトリウム－塩化物泉です。

化学薬品のような独特の臭いと強烈な苦味、そして塩分が特徴です。非常に珍しい臭いと味です。おそらく唯一無二の泉質と思います。

温泉の色は無色、白濁、エメラルドグリーンと日によって変化するそうです。日によって色が変化する温泉は温泉成分が濃いので、泉質が良いことになります。

温泉成分が強烈すぎて、少し浸かっただけでぐったりします。

化学薬品のような独特の臭い

大型の日帰り温泉施設

山形県西村山郡大江町藤田831-40

25
山形県

羽根沢温泉　共同浴場

羽根沢温泉は、サケの遡上で有名な鮭川村にあります。松葉荘他2軒の旅館は、どこも源泉かけ流しで、ひなびた良い温泉地です。

良い温泉地には、共同湯があることが多いです。

ここは、ナトリウム－炭酸水素塩・塩化物泉がかけ流されています。

写真では、源泉が黒っぽく見えますが、色は少し薄濁りで熱いです。

つるつる感がすごく、とろっとした泉質です。

美人の湯に挙げてもいいくらいです。油臭もします。

旅館の方の泉質は源泉が透明で、硫黄分が強い感じです。

泉質だけで十分勝負できる「本物の」共同湯です。

地元の方がじっくりと浸かっています。

シンプルな造りの共同湯

入り口は少し分かりにくい

山形県最上郡鮭川村中渡1321

26
福島県

お食事　温泉処　いやさか

JR東北本線矢吹駅から車で10分ほどの場所にあります。

「○○温泉」といった名前は付いていませんが、かなり本格的な温泉です。

アルカリ性単純泉です。

源泉の温度は45度くらいの熱めで、少し黄色で油臭がします。

何より特筆すべきは、ヌルヌル感です。浸かった瞬間、体に膜が張ったような感じがして驚きます。

露天風呂と内湯にかけ流されている源泉の量が多いです。

この辺りはヌルヌル系の温泉が多いですが、私はここが一番泉質が良いと思います。

食堂で食事をすると温泉に無料で入れるのですが、肝心の食事も実にうまい。タクシーの運転手さんおすすめのジャンボエビフライ定食、最高でした。

黄色のヌルヌル温泉

料理も最高

福島県西白河郡矢吹町文京町197-1

27 福島県

金山《かねやま》町温泉保養施設 せせらぎ荘

金山町の公共の施設ですが、指定管理で民間会社が運営しています。

2種類の源泉を楽しむことができる温泉です。

「大黒湯」は、含二酸化炭素‐ナトリウム‐炭酸水素塩・塩化物・硫酸塩泉の源泉かけ流しです。35度くらいで、浸かると体じゅうにすぐ大量の気泡が付きます。炭酸成分とともに温泉成分が体に吸収されていくのが実感できます。

もう一つある「玉梨温泉」の源泉は、大黒湯から二酸化炭素を省いたような感じの泉質です。こちらの方がやや熱めです。

近くに玉梨温泉と八町温泉の共同湯があり、地元の方がうらやましいです。温泉大県の福島でも、この施設があるJR只見《ただみ》線沿線は、源泉かけ流しが多いです。

2種類の高品質の源泉

ここ以外にも2カ所の共同湯がある

福島県大沼郡金山町玉梨新板2049-1

28 福島県

八町《はちまち》温泉 共同浴場 亀の湯

道路を下りていくと、渋い入り口があります。

混浴の浴槽が一つあるだけです。前に来た時は、地元の女性が入っていました。

どこの誰か知らない人と入るのではなく、ご近所の男女が混浴するのはすごいことです。

源泉の注入口が二つあり、微妙に泉質が異なります。また、注入口の上に置かれた石は不思議な形です。

浴室の壁には、この共同湯に寄付をした地元の方の名札が貼られています。

共同湯の見本のような場所です。

ナトリウム‐塩化物・炭酸水素塩・硫酸塩泉で、透明な茶褐色がきれいです。金属臭が強烈です。

肌にしっとりとくる感じの素晴らしい泉質です。

透明な茶褐色の混浴の共同湯

共同湯らしいエントランス

福島県大沼郡金山町八町居平619

29 福島県

熱塩《あつしお》温泉 下の湯共同浴場

この温泉地は、喜多方市のラーメン街から車で20分くらいの場所にあります。

旅館が何軒かありますが、公共交通で行くには少々不便です。

以前はJR熱塩駅がありましたが、廃線になりました。バスも現在はありません。

残念ながら、最近はこのような「陸の孤島」のような温泉地が増えています。

建物も浴槽も渋いでしょう。隣のお店でお金を払って入ります。

ナトリウム・カルシウム－塩化物泉とのことですが、これが実にうまい。

ミネラル豊富なスープの味がします。

少し青緑色に濁っていて、肌によくなじみます。

男湯と女湯の仕切りは、シンプルなカーテンだけです。

寒天のように見える温泉

男女の仕切りはカーテンだけ

福島県喜多方市熱塩加納町熱塩甲811

30 福島県

古町温泉 赤岩荘

南会津の田園地帯にあります。

ナトリウム－塩化物泉の源泉かけ流しです。

向かって右の浴槽に、源泉が注入されています。

源泉が50度くらいでしょうか。かなり熱いのですが、それをジャブジャブかけ流しているので、浴槽には熱くて入れません。

地元の方も「誰も入れない」と言っていました。

ぬるすぎるのはどうにかなりますが、熱すぎるとどうにもなりません。

鉄分と炭酸をたくさん含んでいて、クリーミーな赤茶色です。

向かって左の浴槽に浸かると、肌がキシキシした感じがして、ガツンとくる泉質の濃さを感じます。

鉄分の香りが強烈です。

クリーミーで濃厚な赤茶色の温泉

シンプルな外観です

福島県南会津郡南会津町古町太子堂186-2

31
福島県

湯ノ花温泉 天神湯、湯端の湯、弘法の湯、石湯

天神湯

湯端の湯

弘法の湯

石湯

福島県南会津郡南会津町湯ノ花

こぢんまりした民宿が多い温泉地は、アクセス困難な山村にあります。

温泉に入る前から、のどかな雰囲気に癒やされます。

「天神湯」「石湯」「湯端の湯」「弘法の湯」という4カ所の共同湯があります。温泉地を歩いていると、そこらじゅうに共同湯がある感じです。どこも朝早くから入れます。

温泉分析書では単純泉となっていますが、さまざまな成分を満遍なく含んだとろみのある泉質です。

天神湯と石湯は混浴で、かなり熱いです。体感的には、45度以上あるように思います。

天神湯の浴槽の縁に置かれた洗面器が渋い。源泉を冷ますために置かれています。せっかくの源泉を、簡単に水で冷ますようなことはしません。さすがです。浸かるとやけどの一歩手前になります。

32
栃木県

那須湯本温泉
滝の湯、河原の湯

滝の湯

滝の湯の前で

含硫黄‐カルシウム‐硫酸塩泉です。

「滝の湯」と「河原の湯」は、どちらも地元の方専用の共同湯ですが、那須湯本温泉の民宿に泊まると、この貴重な共同湯に入ることができます。

那須湯本温泉の旧道に何軒か民宿はありますが、お風呂はないため、民宿で鍵を借りて共同湯に入ります。

一般の旅館、ホテルに宿泊した場合は入れません。

滝の湯は「御所の湯」という源泉を使っています。硫黄の香りが芳しいです。

河原の湯は「行人の湯」という源泉で、「鹿の湯」の源泉に似ている感じがします。

これらの共同湯では、せっけんが使えません。源泉に洗浄力と殺菌力があるので、使う必要がないそうです。

共同湯では、地元の方との会話が弾みます。

河原の湯

ひっそりとした雰囲気の河原の湯

栃木県那須郡那須町湯本

33
栃木県

奥塩原新湯温泉 むじなの湯、中の湯

足元湧出のむじなの湯の浴槽

共同湯で一番混み合っている

数人入ればいっぱいの中の湯

故障のため2023年3月現在、休業

栃木県那須塩原市湯本塩原

塩原温泉郷の一番奥に、奥塩原新湯温泉があります。

共同湯は、「むじなの湯」「中の湯」「寺の湯」です。どの建物も浴槽も、良い風情を醸し出しています。

いずれも歩いていける距離にあります。

灰色に濁った酸性硫黄泉で、浸かると肌がピリピリします。強烈な酸性と硫黄分です。殺菌作用が、いかにも強そうです。

浸かると、じわーっと温泉成分が体に染み込んでくる感じがします。

中でもむじなの湯が一番泉質が濃いように思います。3、4分入っただけでぐったりするので、長湯すると湯当たりしそうです。

「五大湯当たり可能性温泉」というジャンルがもしあれば、私はむじなの湯を選出したいです。

34
群馬県

御《ご》所《しょ》平《だいら》温泉　かくれの湯

JR長野原草津口駅から軽井沢駅に向かう国道146号線の山道を入っていきます。

かなりの秘境です。

山の中にこつぜんと木造の黒いログハウス風の建物が現れます。キャンプ場もある日帰り温泉施設です。

ナトリウム－炭酸水素塩・塩化物泉で、緑灰色《りょくかいしょく》に濁っています。

浸かると、キシキシした感じで金属臭がします。じんわりと温まります。

露天風呂と内湯があります。露天風呂は自然の山に面していて、実に爽快です。

内湯には、たまたまリンゴが浮かべられていました。

自然との一体感を感じられる温泉です。

この辺りは、源泉かけ流しの良い温泉が実に多い。さすが「温泉大県」の群馬です。

山に面している露天風呂

山の中にこつぜんと現れます

群馬県吾妻郡長野原町応桑1985-172

35
群馬県

猿ヶ京温泉　公衆浴場いこいの湯

猿ヶ京温泉の中心から少し離れた所にある共同湯です。

カルシウム・ナトリウム－硫酸塩泉です。

微かに黄みがかっています。

こぢんまりした浴槽が一つだけで、しかも浴槽は浅い。

源泉は少し熱めです。加水をしていないことがよく分かります。

注入湯量はさほど多くはありませんが、浴槽の大きさと源泉の熱さを考えると、やむを得ないのかもしれません。

とろみが少しありますが、肌触りはキシキシした感じで微かに金属臭がします。初めは、少し肌を刺すような刺激を感じます。

体の芯からじんわり温まります。

この温泉地には、他にも何軒か旅館があります。

微かに黄みがかったピリピリした源泉

上杉謙信の関八洲支配に由来する共同湯

群馬県利根郡みなかみ町猿ヶ京温泉346

36
群馬県

四万温泉
河原の湯、上之湯

「河原の湯」「上之湯」の他、「御夢想の湯」「四万清流の湯」があります。

旅館の数に比べて、共同湯の多い温泉地です。

以前はもう2軒あったのですが、残念ながら閉鎖してしまいました。

源泉の数が多い温泉地で、どこも泉質は大体似ています。

ナトリウム・カルシウム－塩化物・硫酸塩泉です。

さらさらした肌触りです。実にやわらかく体の力が抜けてリラックスできます。

微かに石こう臭もします。浸かっていると、さほど実感しませんが、湯上がりに肌のつるつるを感じます。温泉臭が芳しいです。

この温泉地の飲泉は、薄塩味でミネラルが利いていてうまいです。胃腸に良いとのことで、なるほどと思います。

岩をくりぬいたような河原の湯

河原に面しています

上之湯の浴槽

温泉街の道路沿いにあります

群馬県吾妻郡中之条町四万

37
埼玉県

森のせせらぎ　なごみ

久喜市にあります。

ナトリウム－塩化物泉です。「生源泉」かけ流しの浴槽があります。生源泉という表現が素晴らしい。

　地下１５００メートルから湧く、約45度の源泉を加温加水なしでかけ流しています。

　緑茶色のさらさらした泉質で、黒い湯の花が浮遊しています。

　埼玉県の温泉というと、循環風呂のスーパー銭湯をイメージしてしまいますが、ここは源泉かけ流しにこだわっています。

　ホームページにある「アトピーの方は、湯上がりの最後に生源泉かけ流しに入っていただきたい」というメッセージがうれしいです。

　経営する方の、源泉の泉質へのこだわりと誇りを感じます。

生源泉かけ流し浴槽

多種多様な浴槽があります

埼玉県久喜市江面1574-1

38
千葉県

小《こ》糸《いと》川《がわ》温泉

君津市にあります。

ナトリウム－炭酸水素塩泉です。

　こってりとした感じの黒さ、見事でしょう。

　浸かると、ぬめりがあります。ずるっと滑るくらいです。

　湯上がりは全身つるつるになります。

　腐植物質のフミン酸を含んでいる、いわゆるモール泉です。

　玄関の前にも25度くらいの源泉が湧出しています。足元湧出の露天風呂を作ったらいいのに、と思うのは私だけでしょうか。

　関東にはいくつか、こういった黒湯があるものの、循環風呂が多いです。ここは珍しい源泉かけ流しです。

　２０２３年３月の時点で、日帰り利用だけで、月、金、土、日のみ営業しています。

こってりとした見事なまでの黒色

玄関隣で源泉が湧出

千葉県君津市日渡根206

39
神奈川県

湯河原温泉　ままねの湯

湯河原温泉は、高級旅館からここのような湯治場までバラエティーに富んだ温泉がひしめいています。

ままねの湯は、路地の中をくねくね行った先にある、浴槽が一つだけのシンプルな造りです。

浴槽、入り口、建物、どれも渋いでしょう。

入れてもらうためには、湯治の目的を言わないといけません。

それにしても、熱い、熱すぎる(^^)。46度くらいで、ナトリウム・カルシウム－硫酸塩・塩化物泉の泉質がかなり濃く、肌になじみます。アトピーにとても効果があるそうです。

湯上がりは、なんともいえない爽快感があります。日本一シャキッとする温泉かもしれません。

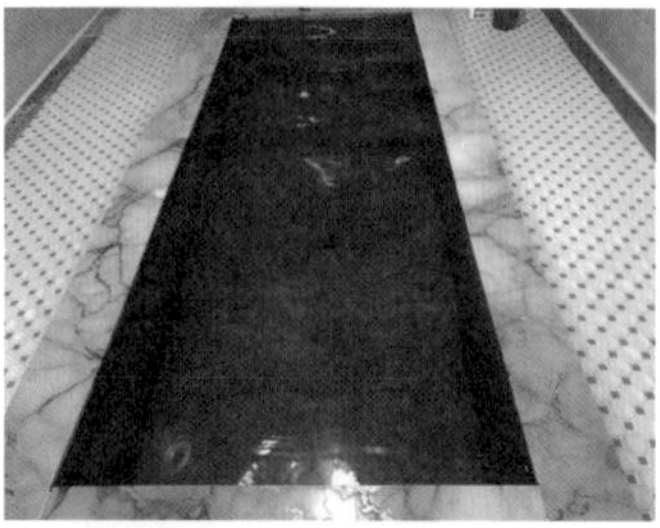
熱さを求めてここに来ます

路地の中にある湯治場

神奈川県足柄下郡湯河原町宮上616

40
神奈川県

箱根仙《せん》石《ごく》原《ばら》温泉　かま家

カルシウム・マグネシウム－硫酸塩・塩化物泉です。

箱根仙石原温泉特有の、白濁の濃い硫黄泉です。

浴室に入ると、大涌谷《おおわくだに》に来たような硫黄の臭気が立ち込めています。

クリーミーなとろりとした肌触りです。

浴槽の底には、少し泥がたまっています。

かま家さんは飲食店で、さまざまな種類の釜飯があります。

注文した釜飯が炊けるまでの間、待ち時間があるので温泉を作ったのだそうです。

実際、私も釜飯が炊けるまで温泉に入ります。釜飯、実にうまい。

釜飯を目当てに訪れたお客さんが、源泉かけ流しの温泉に入って、その良さを分かってくれればと思います。

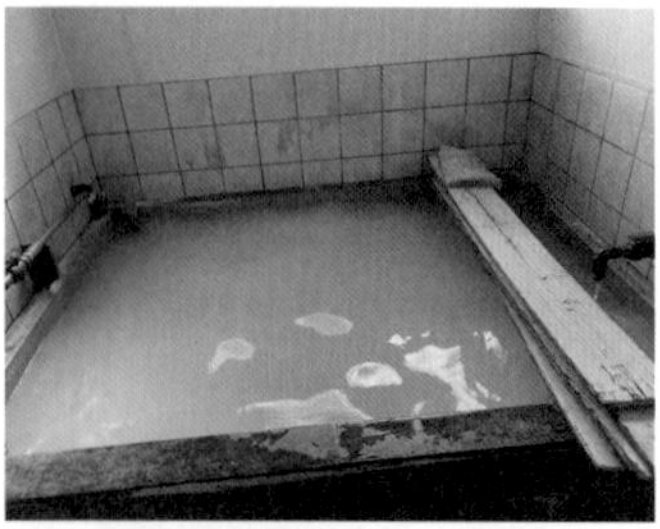
見た目濃厚な硫黄泉

釜飯屋さんとして本物

神奈川県足柄下郡箱根町仙石原817

41
東京都

地《じ》鉈《なた》温泉

満潮時の海中温泉

大地を鉈《なた》で割ったような地形から、名付けられました。

伊豆諸島の式根島にあります。東京の竹芝から、高速船で3時間10分です。

長い階段を下りて岩の裂け目を通り抜けると、海の中に目的の温泉がこつぜんと姿を現します。

泉質は、含鉄－ナトリウム－塩化物強温泉だと思います。源泉が約80度あり、泡と共に波打ち際で湧出しています。海水が源泉に適度に混じる満潮時に入れます。

海水が十分に混じっていないと、やけどをするので危険です。満潮の時間を調べて、行く必要があります。

浸かると、泉質の濃さに圧倒されます。高温の湧出したばかりの源泉に海水が混じっているのですから、当然と言えば当然です。

これが源泉。超高温です

遠目から見るとこんな感じです

東京都新島村式根島

42
東京都

湯の浜露天温泉

パルテノン神殿風の温泉

伊豆七島の新島《にいじま》にあります。ナトリウム－塩化物強温泉です。

塩化物強温泉といっても、それほど塩分は強くありません。肌に優しい、やわらかい泉質です。

新島特産のコーガ石を使った、パルテノン神殿風の建物がすごい。

展望露天風呂からの景色は感動ものです。

ダイビングや釣りの方が来ます。私のような、温泉だけが目的の人は珍しいようです。

無料の混浴温泉で、水着を着て入ります。

新島には、まました温泉と新島村温泉ロッジにも温泉があります。どこも源泉かけ流しです。

竹芝桟橋から高速船で2時間20分の船旅ですが、行く価値は十分あると思います。

高台の風呂からの眺めは最高

ちゃんとはいています

東京都新島村本村

43
新潟県

えちごせきかわ温泉郷
雲母《きら》共同浴場、上関《かみせき》共同浴場、湯沢共同浴場

雲母共同浴場

えちごせきかわ温泉郷は、高瀬温泉など5カ所の温泉地から成り、「雲母」「上関」「湯沢」の三つの共同浴場があります。

地元の方の社交場的な温泉で、いずれもナトリウム‐塩化物・硫酸塩泉ですが、微妙に泉質が違います。

どこも浸かると、しっとりした感じで、湯上がりの肌がすべすべです。

雲母共同浴場、建物も浴槽も渋いでしょう。ちなみに雲母は、「うんも」でなく「きら」と読みます。なかなか読める人は、いないのではないでしょうか。

上関共同浴場の建物も、相当ひなびています。塩化ビニールのトタンは、台風が来たら大丈夫かなと思ったりします。

湯沢共同浴場の浴槽も建物が素朴で、浴槽がこぢんまりしています。

雲母共同浴場の渋すぎる建物

上関共同浴場。塩ビのトタンが渋い

湯沢共同浴場の浴槽

新潟県岩船郡関川村

44
新潟県

梶山元湯

洞窟温泉に入浴中

洞窟の外で記念写真

地元で活動する、根知《ねち》未来会議の方々にお世話になります。

ガイドさん付きの「秘湯洞窟温泉体験」半日ツアーです。

50分ほど登る山道は思ったより険しく、ザイルを使う場所が意外に多かったです。ハードな登山でした。

源泉は、洞窟の奥から大量に湧出しています。

奥に行きすぎると危ないようです。

含鉄－ナトリウム－炭酸水素塩泉といった感じの泉質で、源泉温度は38度です。ガイドさんが1時間ほどかけて源泉をためてくれます。

こういった本物の湧出泉は体にきつすぎるので、浸かるのはほどほどにしました。

帰りは、膝が笑っていました。

このような山を登っていきます

新潟県糸魚川市梶山

45
新潟県

燕《つばめ》温泉 黄《おう》金《ごん》の湯、河原の湯

コバルトブルーが鮮やかな黄金の湯

含硫黄－ナトリウム・カルシウム－炭酸水素塩・硫酸塩・塩化物泉です。

硫黄臭が芳しく、泉質がマイルドでとろみのある硫黄泉です。なかなか奥深いです。

この温泉地は旅館が数軒しかないのに、本格的な露天風呂が2カ所あります。

「黄金の湯」は、旅館街から少し坂を上った所にあり、男女別に分かれています。

「河原の湯」は、旅館街から歩いて15分くらいの場所、山の谷間にあり、混浴、ぬるめです。

どちらも全国有数の野趣あふれる露天風呂です。

ただし、2022年3月の大雪でつり橋のワイヤが切れてしまって行くことができないため、休業中です。通常の営業は、6月上旬から11月上旬までです。

黄金の湯の入り口

河原の湯

新潟県妙高市燕温泉

46 富山県

神《こう》代《じろ》温泉

ナトリウム－塩化物泉です。浴室のひなびた感がいいでしょう。

浴槽は一つで、敷地内の源泉からタンクにためずにそのまま引いています。これが、実は希少価値があります。温泉は、自然のままのものが少ないのです。

浴槽に蓄えられた源泉は、かなり濃いクリーミーな茶色で、金属臭が芳しい。

浸かると、本物の泉質なのがすぐに分かります。

体にガツンとくる感じです。循環風呂の温泉もどきとはまったく異なる、自分を痛めつけるような刺激を感じます。

塩分がかなり濃いので、ピリピリ肌に染みます。しかし、湯上がりは実に爽快です。

氷見《ひみ》市にありますが、かなりの秘境です。

クリーミーな茶色の温泉

氷見市内とはいえ、かなりの秘境

富山県氷見市神代3021

47 石川県

金《きん》城《じょう》温泉元湯

JR金沢駅からタクシーで15分くらいの距離にある、日帰り温泉です。

ナトリウム－塩化物・炭酸水素塩泉で、コーラのような色のモール泉です。

金沢市内に、このような本格的なモール泉があることに驚きます。

浸かると、ぬるめで、モール臭が実に芳しい。これほどのモール泉は、珍しいと思います。

つるつる感がすごいです。浴槽の中で、ずるっと滑りそうになります。実際、滑る方は多いのではないかと思います。

浴室内の階段を上っていくと、露天風呂もあります。

金沢市内には、金石《かないわ》荘など源泉かけ流しの温泉がいくつかあります。

コーラ色の温泉

金沢市内の住宅街にある

石川県金沢市赤土町ト100-2

48 石川県

美川温泉 安《やす》産《まる》の湯

「安産」は地名で、お産の安産とはまったく関係ありません。美川温泉にはもう一つ、元湯ほんだという温泉があります。

ナトリウム塩化物泉です。コーヒー色のモール泉、素晴らしいでしょう。

つるつる感が本当にすごいです。しかもドバドバです。浴槽も深い。

JR北陸本線の小松駅から松任《まっとう》駅の間には、源泉かけ流しの良い温泉がいくつかあります。穴場です。

一方、加賀温泉郷（山代、山中、粟津、片山津）は、本物の源泉かけ流しが少ない印象です。

全国には源泉かけ流しの多い優良な温泉地の他、神戸を中心とした阪神電車沿線などのように源泉かけ流しの多い意外な穴場があります。

段差を利用した源泉かけ流し

モール泉がドバドバの日帰り施設

石川県白山市平加町ワ6-2

49 石川県

天然温泉 西《さい》圓《えん》寺《じ》温泉

小松市にあります。

ナトリウム‐塩化物泉です。緑白色に濁っていて、金属臭がします。

まったりした濃厚な泉質で、体にまとわりつくような感じがします。

自己責任の飲泉は、だしの利いた塩味に近いです。

ちなみに白山市には、同じ社会福祉法人が経営する行善寺温泉があります。

廃寺を改造した三草《さんそう》二木《にもく》西圓寺の中に、温泉とリラクゼーション施設、レストランがあります。

スペースをうまく使っていると思います。

天然温泉という表示ですが、立派な源泉かけ流しです。循環風呂で天然温泉を名乗っているところが結構あるので、注意が必要です。

緑白色のまったり温泉

社会福祉法人が経営する温泉

石川県小松市野田町丁68

50
山梨県

はやぶさ温泉

アルカリ性単純泉です。

内湯と露天風呂があり、湯量が多いです。

内湯のコイの口がインパクトあるでしょう。

豪快に源泉がかけ流されています。

このドバドバ感がいいでしょう。源泉が辺り一面に飛び散っています。コイの口の近くにいると、頭がぬれます。

泉質が優れていて、浸かるととろみとつるつる感がします。pH9・95で、アルカリ度もかなり高いです。しかも、体に細かな気泡が付きます。

微かに硫黄臭がします。

温泉に一定のレベルがあるとすると、つるつる感と泡付きは一つのバロメーターになると思います。

食堂のメニューも充実しています。

コイの口からドバドバ源泉放出

食事のメニューが豊富な日帰り施設

山梨県山梨市牧丘町隼818-1

51
長野県

戸倉《とぐら》上山田《かみやまだ》温泉 戸倉観世《かんぜ》温泉

単純硫黄泉です。

写真のエメラルドグリーンの源泉が、きれいでしょう。

戸倉上山田温泉は、一大温泉地です。約50軒の旅館と7軒の日帰り施設がありますが、すべてこのような色鮮やかな硫黄泉ではありません。

戸倉観世温泉の泉質は、この温泉地の千曲館に似ています。

日によって、緑白色に濁ることもあります。

浸かるとつるつるすべすべ感がすごい。源泉が肌に染み込んで、体がよみがえる感じがします。

この温泉地は、長野県にしては珍しく歓楽街的な感じもありますが、泉質は湯治場的なレベルで、ギャップが不思議な印象です。

営業は、朝5時から夜10時までです。

見事なまでのエメラルドグリーン

一日中、お客がひっきりなしに訪れる

長野県千曲市磯部1096-1

52
長野県

鹿《か》教《け》湯《ゆ》温泉　ホテル天竜閣

どアップで失礼

実力のある単純泉

鹿教湯混浴御三家の一つ

長野県上田市西内916-5

単純泉です。

そんじょそこらの単純泉とは違います。

浸かると実にやわらかい。とろみを感じます。

鹿教湯温泉特有の肌触りの良い泉質です。微かな温泉臭も素晴らしい。控えめではあるが実力もある、という感じの泉質です。

建物も浴槽もかなりひなびていて、わびさびの境地に浸れます。


源泉の注入量が多い混浴で、大体女性が入っています。

鹿教湯温泉の中では、ここととふぢや旅館、河鹿荘《かじかそう》を「鹿教湯混浴御三家」と勝手に命名しています。

現在は、日帰り入浴だけです。

自分で言うのもなんですが、幸福そうな表情が泉質の良さを物語っています。

53
長野県

蓼《たて》科《しな》温泉　小《こ》斉《さい》の湯

含硫黄－ナトリウム－塩化物・硫酸塩泉です。

露天風呂が五つと、内湯が二つ、階段を上った2階にあります。

pHは3ですが、お湯は非常にマイルドです。

源泉が熱くて加水しているので、うまく薄まっているのかもしれません。

じんわりと効いてくる泉質です。微かな硫黄臭も芳しいです。

写真は「見晴らしの湯」です。浴槽の青いタイルが実にきれいで、絵になる露天風呂です。

奥が熱めで、手前がぬるめです。

さらに階段を上っていくと、女性用の露天風呂「仇討ちの湯」があります。

以前は宿泊もありましたが、現在は日帰り営業だけです。

タイルの青色が鮮やかな見晴らしの湯

温泉まで階段を上ります

長野県茅野市北山蓼科4035

54
長野県

山田温泉　滝の湯

山田温泉には、共同湯が2軒あります。「滝の湯」と「大湯」です。

滝の湯は、地元の方専用で外来入浴不可です。ただし、山田温泉の旅館に宿泊すると入れます。

建物も浴槽もひなびているでしょう。これぞ共同湯の風情です。

含硫黄－ナトリウム・カルシウム－塩化物泉です。

一言で言えば、とろみとパワーを感じさせる泉質です。

浸かると源泉から圧力を感じ、短時間でぐったりしてしまいます。

温泉成分が、じわーっと体に染み込むのが分かります。

近くの大湯は、誰でも入れます。

いつも人が多いです。

信州高山温泉郷は、日本有数の源泉かけ流しエリアです。

これぞ共同湯といった風情

山田温泉の旅館に泊まれば入れます

長野県上高井郡高山村奥山田3681-377

55 長野県

きそふくしま温泉 二本木の湯

JR中央本線の木曽福島駅が最寄りです。

含鉄・二酸化炭素－カルシウム－炭酸水素塩冷鉱泉です。冷鉱泉なので加温していますが、立派な源泉かけ流しで炭酸成分もかなり残っています。

シンプルな浴槽が一つだけです。

写真では分かりにくいですが、浴槽の表面に泡が浮かんでいます。

浸かると、シュワッとした肌触りがします。体の表面にたくさんの気泡が付いて、だんだんほかほかしてきます。明らかに血流が良くなっている感じです。さすが「心臓の湯」です。

緑灰色《りょくかいしょく》に濁っていて、温泉成分の濃さが分かります。アクセス困難な所にありますが、行く価値はあります。

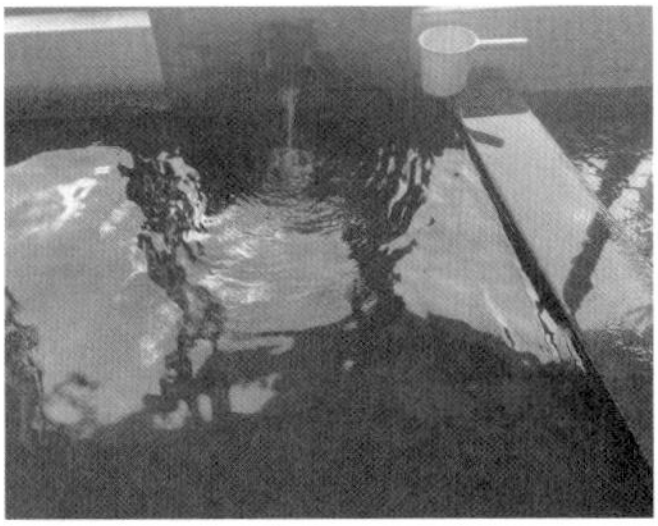

緑灰色の泡々温泉

ポツンと一軒、日帰り旅館

長野県木曽郡木曽町新開6013-1

56 長野県

下諏訪温泉 菅野《すげの》温泉

昭和にタイムスリップした感じがする温泉で、狭い路地にあります。

楕円《だえん》形の浴槽が渋いでしょう。ナトリウム・カルシウム－硫酸塩・塩化物泉が、かけ流されています。

キシキシさらさらとした保湿効果の高い泉質です。

下諏訪温泉は、上諏訪温泉に比べて地元の人以外も入れる共同湯が多いです。

しかも、JR下諏訪駅から歩いていける距離に複数あります。

「旦過《たんが》の湯」など、かなり熱い所が多いですが、ここは比較的入りやすいです。

下諏訪温泉を含めて、行くたびに共同湯が減っているのが残念です。

地元の人が家庭の風呂で済ませて、共同湯に行かなくなったためです。

昭和を感じさせる温泉

狭い路地の中にあります

長野県諏訪郡下諏訪町大社通3239-1

57 長野県

沓《くつ》掛《かけ》温泉　小倉乃湯

　アルカリ性単純泉です。特徴は、ぬるさと心地よさです。手前の広い浴槽は、体温を下回るくらいのぬるめの源泉がかけ流されています。浸かっていると、ついうとうとするくらいの気持ちよさです。

　入浴中はさほど感じませんが、浴槽から出ると肌がつるつるしていることに驚きます。体がよみがえって元気になったような気がします。

　沓掛温泉は、旅館が3軒の小さな温泉地です。湯治場的な雰囲気の、のどかな場所です。

　近くには、田沢温泉、鹿教《かけ》湯《ゆ》温泉、霊泉寺《れいせんじ》温泉といった、やわらかい泉質の温泉地があります。

　それぞれの温泉地は少し距離がありますが、のどかな田園風景のエリアです。

ぬるさと心地よさの源泉

こぢんまりした温泉地の中の共同湯

長野県小県郡青木村沓掛419-1

58 長野県

軽井沢千《せん》ヶ《が》滝《たき》温泉

　プリンスホテルが経営する日帰り温泉で、近くに星野温泉トンボの湯があります。

　ナトリウム－炭酸水素塩・塩化物泉です。

　無色透明のやわらかい泉質です。意外ですが、少し油臭がします。微かに湯の花も舞っています。

　湯上がりは、肌がしっとりします。

　庭園露天風呂に癒やされます。絵になる風呂に、ドバドバと源泉が注がれています。

　内湯は、真ん中に突起がある不思議な構造です。

　温泉成分でタイルが変色しています。

　まったりした泉質で、体がよく温まります。

　草津温泉と軽井沢の間には、秘湯的な日帰りから立派なホテルの源泉かけ流しまで、さまざまな温泉があります。

絵になる庭園露天風呂

タイルが変色するくらいの温泉成分

長野県北佐久郡軽井沢町千ヶ滝温泉

59 岐阜県

平湯温泉　平湯の湯

奥飛騨温泉郷は、平湯温泉、福地温泉、新平湯温泉、栃尾温泉、新穂高温泉から成ります。

平湯温泉は、湯量と泉質が豊富な、私の大好きな温泉地です。

平山温泉バスターミナルから歩いていける平湯の湯は、平湯民俗館に併設されています。

木立の中の緑白色の源泉がきれいでしょう。はっと息をのむくらいのインパクトがあります。これほど絵になる温泉風景は、珍しいです。

良質のナトリウム・カルシウム－塩化物・硫酸塩泉が、かけ流されています。すべすべ感の強い、濃い源泉です。

平湯温泉は源泉数だけで40以上、1分間に8000リットルを超える、ものすごい湯量の温泉地です。

源泉の色が美しい露天風呂

平湯の湯を併設する平湯民俗館

岐阜県高山市奥飛騨温泉郷平湯24

60 静岡県

今井浜温泉　舟戸の番屋露天風呂

ここは泉質もさることながら、ロケーションが素晴らしい。空と海と温泉が一体になった感じがして、海風が実に爽快です。

東伊豆には、舟戸の番屋以外にも、海に面した黒根岩風呂（伊豆北川温泉）、土管を通っていく磯の湯（伊豆大川温泉）といった、個性あふれる素晴らしい露天風呂が海岸沿いにあります。

お見苦しいものをお見せして申し訳ありません。お許しください。

ナトリウム－塩化物泉です。

魚介類のバーベキューが楽しめる施設から少し坂を上っていくと、露天風呂があります。

源泉は、近くの峰温泉と谷津温泉の混合泉だそうです。肌に優しい、やわらかい泉質です。

ロケーション抜群の露天風呂

食事もできる舟戸の番屋

静岡県賀茂郡河津町見高358-2

61
静岡県

北《ほっ》川《かわ》温泉　黒根岩風呂

波打ち際の混浴露天風呂

波打ち際の混浴露天風呂です。

太平洋と一体になった感じがいいでしょう。すぐ目の前が海で、波しぶきを見ていると癒やされます。

「アメリカを見ながら入ゆる野天風呂」と書かれた岩があり、うまい表現です。まさにそのとおりです。

ナトリウム・カルシウム－塩化物泉です。

浸かると、しっとりすべすべ感があり、とろみを感じます。

いかにも伊豆の泉質らしい、やわらかさです。

眺めの良さもさることながら、海風が実に爽快です。温泉はもともと心身を癒やしてくれるものですが、ここは癒やしのすべてのファクターが凝縮されている気がします。

名句です

入り口です。ワイルドです

静岡県賀茂郡東伊豆町北川温泉

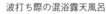

62
静岡県

伊東温泉　東海館

レトロで気品ある浴室

源泉の注ぎ口は獅子です

伊東市の英断に拍手

静岡県伊東市東松原町12-10

昭和3年に開業した、荘厳な木造建築の温泉宿です。

3階建てで、内部の造りも非常に凝っています。

1997年に廃業したものの、伊東市が観光施設として復活させました。市の英断です。維持費が大変だと思いますが、こういった歴史的遺産を後世に残すことも大切です。

日帰り温泉は土日祝日のみの営業でしたが、現在は平日も利用できます。

アルカリ性単純泉です。

源泉がぬるいので加温はしていますが、源泉かけ流しです。

浸かると実にまろやかな肌触りで、湯上がりはしっとりします。

浴槽の雰囲気がレトロでしょう。気品もあります。さすが元老舗旅館の温泉だと思います。

63
静岡県

土《と》肥《い》温泉　元湯、楠の湯、弁天の湯、黄《こ》金《がね》の湯

熱めの源泉がかけ流される元湯

露天風呂もある楠の湯

弁天の湯

黄金の湯は足湯

静岡県伊豆市土肥

　伊豆の西海岸にある、湯量の多い温泉地です。

　旅館、ホテルが約20軒、共同湯4カ所と足湯があります。

　江戸時代に土肥金山でにぎわいました。海の近くまで山がせり出していて、風光明媚《めいび》なところです。

　ナトリウム・カルシウム－硫酸塩・塩化物泉です。6つの源泉を混合して配湯しているようです。


　無色透明無臭で、熱めの源泉です。

　塩味は薄いです。凝固分はありません。

　浸かると源泉のパワーを感じます。

　体にじわーっと温泉成分が染み込む感じがして、体の芯から温まります。

　少し浸かっただけで大変疲れるので、温泉をはしごするのが大変な温泉地です。

64
静岡県

熱海温泉　山田湯

熱海温泉に残された、レトロな共同湯です。

住宅街の中に隠れるように存在し、案内標識もありません。地元の方が入りにきます。

熱海温泉は、にぎやかさとレトロさが同居する温泉地ですが、最近はレトロな温泉が少しずつ姿を消しつつあります。

カルシウム・ナトリウム－塩化物・硫酸塩泉です。

浸かると、しっとりすべすべします。

温泉臭が実に芳しく、「これぞ熱海の湯」という感じです。派手さはありませんが、源泉に力があります。帰る時に、後ろ髪を引かれる思いがします。

外部の人にも、このような素晴らしい共同湯を開放してくださっていることに心から感謝です。

熱海にシンプルな温泉が残っていることが奇跡

場所が分かりにくいだけに、たどり着いた時は感動

静岡県熱海市和田町3-9

65
三重県

天然温泉　ロックの湯

ナトリウム－炭酸水素塩泉です。

内湯と露天風呂のひなびた感じがいいでしょう。

このレベルは、そうありません。

温泉成分がヌルヌルしているので、浴槽内でずるっとなります。

内湯の温度計が76度を指しているのが見えますか？　実はこの温度計は壊れていて、刻々と温度が変わります。設備が全体的に老朽化している感がありますが、源泉を忠実にかけ流している姿勢が素晴らしい。

露天風呂もきちんと源泉かけ流しです。

循環風呂が泉質をカムフラージュするときによく使う、「天然温泉」を掲げていますが、ここは本物の源泉かけ流しです。

温度計が必要かどうか？

泉質が良ければすべて良し

三重県鈴鹿市三日市町小中野1531

66 大阪府
トキワ温泉

堺市にあるこの温泉は、街中の銭湯のような外観ですが、本物の温泉です。

しかも、加温加水なしの単純泉の源泉かけ流しです。

こういった街中の温泉は、塩素殺菌しているところが多いのですが、トキワ温泉はそれがありません。これは奇跡的です。

浴槽は二段になっています。

特徴は源泉のとろみで、体にまとわりつくような重たい感じがします。微かな硫黄臭もします。

とろとろの源泉は注入量が多く、惜しげもなくかけ流されています。

おそらく日本最高の温泉銭湯だと思います。地元の方がうらやましい。

いつまでも残してもらいたい温泉銭湯です。

とろみのある源泉

都会の銭湯で、奇跡の源泉かけ流し

大阪府堺市堺区神明町西3-1-29

67 兵庫県
元湯・天然温泉 築地戎《えびす》湯

阪神電車、尼崎駅から歩いていけます。

アルカリ性単純泉です。

42度くらいの源泉を、加水加温なしでかけ流しています。しかも、塩素殺菌なしです。

街中の温泉で、塩素殺菌をしていないのが本当にすごい。かなり源泉がピュアなのだろうと思います。

源泉は鮮やかな黄色で、少し金属臭がします。浸かると、ぬめりがあります。

内湯は深めで、中腰で入ることになります。

よく温まる温泉なので、隣の水風呂と交互に入ると爽快です。

露天風呂もあって、ここも源泉かけ流しです。

湯上がりが実にさっぱりする泉質です。

住宅街の銭湯の域をはるかに超えています。

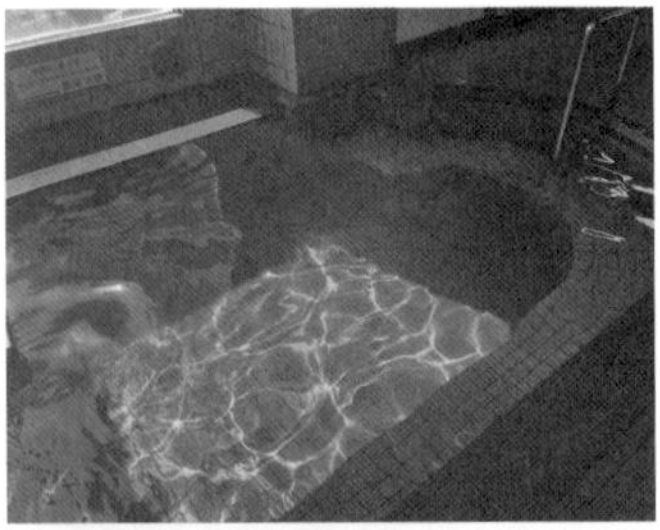

ぬめりのある黄色の温泉

街中に源泉かけ流しがあるとは……

兵庫県尼崎市築地2-2-20

68 兵庫県

天然療養温泉 恵美寿《えびす》湯

阪神源泉かけ流し温泉地帯にある、街中の銭湯といった感じの温泉です。

カルシウム・ナトリウム－塩化物泉で、源泉風呂の温度は約25度です。

温泉分析書の数値は省略しますが、それぞれの成分が濃いです。

メタケイ酸の濃度も高い。塩分濃度が高いので、少しべたつく感じがしますが、風呂上がりは肌がすべすべになります。

源泉風呂の横にある源泉の沸かし湯は、茶色に濁っています。

もともと普通の銭湯でしたが、2002年に掘削して温泉を掘り当てたそうです。

よくこれほどの高品質の源泉が湧出したものだと思います。

25度の濃厚温泉風呂

源泉をよく掘り当てられたものです

兵庫県明石市貴崎4-6-12

69 兵庫県

浜田温泉 甲子園旭泉《きょくせん》の湯

西宮市の住宅街にあります。ナトリウム－炭酸水素塩・塩化物泉です。

源泉は毎分600リットルの湯量だそうです。中でも、露天風呂のドバドバ感がすごい。

源泉が周りに飛び散っていて、湯量の多さがよく分かります。

街中の日帰り温泉のレベルを超えています。

茶色の源泉は細かな泡が大量に含まれていて、モール臭がします。

この湯量の多さで泡付きというのが、街中温泉としては秀逸です。

阪神エリアは、本物の源泉かけ流しの日帰り温泉が実に多い。泉質はさまざまです。

全国屈指の、素晴らしい源泉かけ流し温泉ベルト地帯です。

街中温泉でこのドバドバ

源泉かけ流しの多いエリアでも断トツの湯量

兵庫県西宮市甲子園浜田町1-27

70
和歌山県

岩鼻温泉　流し台の湯

日本一のステンレスの流し浴槽

国道から見るとこんな感じです

ステンレスの流しで、全身入れません

和歌山県東牟婁郡那智勝浦町川関

正式名称はなく、俗称で呼ばれています。

国道の脇にあり、完全に丸見えです。羽目を外すと公然わいせつ罪になりかねません。車に乗っている人が指を差して笑ったり、手を振ったりしてくれます。

湧出した源泉をそのまま引いていて、35度くらいです。

泉質は、おそらくナトリウム－炭酸水素塩泉です。つるつるの良い泉質です。

ご覧のとおり浴槽が小さい。当然のことながら、全身浸かることができません。

なぜこんなに小さなステンレスの「流し台」しかないのでしょう。本格的な浴槽にすると、泉質が良いので多くの人が入りにきて、交通に支障を来すからだろうと勝手に推測しています。

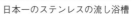

71 和歌山県

勝浦温泉 天然温泉公衆浴場 はまゆ

ホテル浦島などに行く船場の近くにある、地元の日帰り施設です。

含硫黄－ナトリウム・カルシウム－塩化物泉です。源泉がとうとうとかけ流されています。

建物も浴槽もシンプルでいいでしょう。

日本全国いろいろな温泉に入りましたが、ここほどガツンとくる泉質はあまりありません。

無色透明ですが、見掛けよりも温泉成分が濃い。温泉分析書に表れない源泉のパワーがあります。浸かると、源泉が全身に染み込んでくる感じがします。

時間が許せば、いつまでも入っていたい気持ちになる泉質です。

しかし、相当ぐったりするでしょう。

隠れたパワーのある温泉

印象的な外観

和歌山県東牟婁郡那智勝浦町勝浦970

72 奈良県

湯《とう》泉《せん》地《じ》温泉 滝の湯

単純硫黄泉がかけ流されています。

硫黄の臭いはさほど強くなく、ほんのり香る感じです。

着目すべきは、つるつるすべすべ感とやわらかい泉質です。

十津《と》川《つかわ》温泉郷は、十津川温泉、湯泉地温泉、上湯《かみゆ》温泉から成る、全国で初めて「源泉かけ流し宣言」をした温泉郷なので、本書での紹介頻度が高いです。

この滝の湯の露天風呂は、滝のすぐ近くで、道路や橋の上から丸見えです。

「マムシに注意」という看板もあります。

湯泉地温泉は旅館が10軒もないくらいの小さな温泉地です。

十津川を見下ろすように立てられている日帰り温泉、泉の湯もあります。

滝を眺められる良質の源泉かけ流し

温泉力の高いエリア

奈良県吉野郡十津川村小原373-1

73
島根県

千原温泉 千原湯谷湯治場

わが国屈指の足元湧出のナトリウム－塩化物・硫酸塩泉です。

いかにも湯治場といった感じの浴槽がいいでしょう。温泉成分の濃い、ズシッとくる泉質です。

浴槽の底からボコッボコッと、炭酸ガスと源泉が湧出しています。

32度くらいで浸かった瞬間はぬるく感じますが、だんだん体が温まり、肌に気泡がたくさん付着します。

ここに入ると、本物の温泉の素晴らしさと効能がよく分かります。

以前は宿泊もありましたが、2023年3月時点では日帰りだけです。

浴槽は古い感じがするかもしれませんが、建物はきれいです。

足元湧出のボコボコ温泉

三瓶山《さんべさん》の温泉力を実感できる湯治場

島根県邑智郡美郷町千原1070

74
島根県

三《さん》瓶《べ》温泉 志学薬師 鶴の湯

加温されたナトリウム・カルシウム－塩化物泉がかけ流されています。

ひなびたシンプルな浴槽がいいでしょう。

鉄分が含まれているので、茶色く濁っています。肌に優しい、滑らかな泉質です。

32度くらいの源泉が「どどどっ」とかけ流されている上がり湯があります。

源泉は炭酸が含まれていて、かなり良い泉質です。

夏場は上がり湯をかぶると、実に爽快です。上がり湯でこれほど満足できる温泉も珍しい。

近くに同じ共同湯の「亀の湯」があります。こちらは丸い浴槽です。

三瓶温泉の近くには、個性的でさまざまな泉質の温泉が多く、中国・四国エリアで最強だと思います。

鉄分を多く含むこってり源泉

近くに亀の湯もあります

島根県大田市三瓶町志学932-1

75
島根県

温泉津《ゆのつ》温泉 元湯泉《せん》薬《やく》湯《とう》、薬師湯

泉薬湯の浴槽

温泉津温泉には、「泉薬湯」と「薬師湯」の共同湯があります。どちらもナトリウム・カルシウム−塩化物泉です。

泉薬湯のひなびた浴槽と、緑白色の温泉がきれいでしょう。

以前は、浴槽が三つ並んでいたのですが、改装して二つになりました。

源泉が熱いので、気合を入れる必要があります。色が黒い方が熱めの湯です。

薬師湯は、楕円《だえん》形の浴槽の縁の凝固物がすごいでしょう。歩くと足の裏が痛いです。源泉の力を物語っています。

いずれも塩分や温泉成分が大変濃いので、体にかなり応えます。

温泉津温泉はこの二つの共同湯に加えて、こぢんまりとした旅館が立ち並ぶ、ひなびた良い温泉地です。

泉薬湯の建物

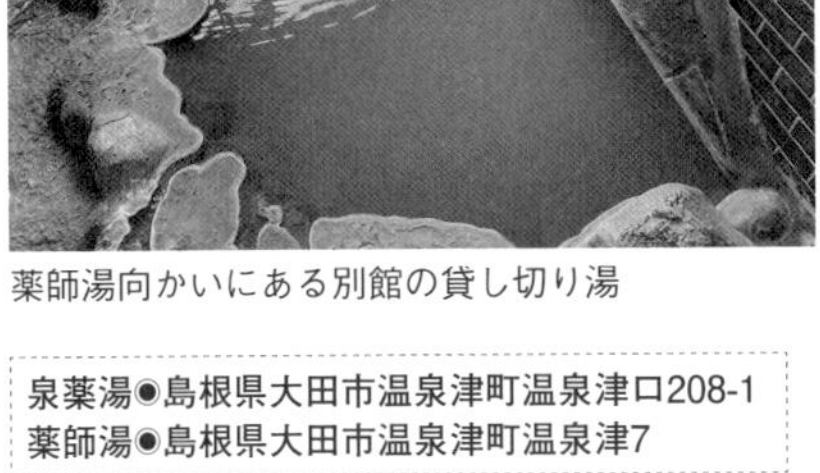
薬師湯向かいにある別館の貸し切り湯

泉薬湯◉島根県大田市温泉津町温泉津ロ208-1
薬師湯◉島根県大田市温泉津町温泉津7

76 島根県

塩ヶ平温泉

こってりした茶色の源泉

浴室の床が凝固物で大変なことに

温泉は、掛合まめなかセンターの中にある

島根県雲南市掛合町掛合821-1

雲南《うんなん》市の公共施設、掛合まめなかセンターにあります。

ご覧のとおり、こってりした茶色の源泉で、浸かるとじわーっと体にまとわりついてくる感じがします。

ナトリウム‐塩化物・炭酸水素塩泉です。

かなり濃厚です。浴槽の縁や床に析出した凝固物が、源泉の濃さを物語っています。

少し生臭いような鉄分の香りがします。

「中国・四国は、どの県の温泉がいいですか?」とおすすめを聞かれた時、私は「島根県が最強です」と答えることが多いです。

島根県の温泉は、塩ヶ平温泉のように鉄分を含んで茶色くにごっていたり、千原温泉や三瓶温泉などの炭酸泉があったりなど、かなり個性的な泉質があります。

77
岡山県

八幡《やはた》温泉郷 たけべ八幡温泉

少しとろみのある源泉風呂

アルカリ性単純泉です。源泉温度は約29度です。

源泉かけ流しの浴槽の他、「あつ湯」と「ぬる湯」、露天風呂などがあります。

浸かると、少しとろみがあってつるつるの肌触りです。

pHが8・6にしては、かなりのアルカリ度を感じさせる泉質です。

ただ、せっかくの源泉浴槽をサウナの上がり湯にしているのはいただけません。邪道です。そんなのは水道水でするべきです。

高瀬舟をモチーフにした以前の建物は、実に味がありました。「行こうか岡山、戻ろうか津山、ここが思案の深渡し（福渡）」。

この建部町は、高瀬舟の川港として栄えた歴史がある土地なので、建て直した建物は少し味気ない感じがします。

加温された源泉かけ流し

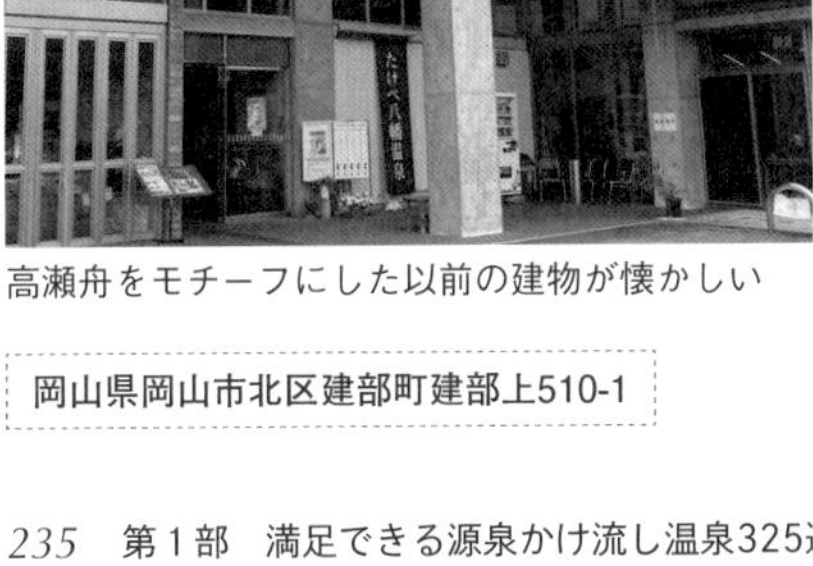

高瀬舟をモチーフにした以前の建物が懐かしい

岡山県岡山市北区建部町建部上510-1

78
岡山県

般《はん》若《にゃ》寺《じ》温泉

大変風情のある露天風呂

「美人の湯」で知られる奥《おく》津《つ》温泉の手前にあります。

内湯と露天風呂が一つずつあり、どちらも大変風情のある造りです。2023年3月時点で、日帰りだけの営業です。

ぬるめのアルカリ性単純泉は、奥津温泉よりヌルヌル感が少し弱いものの、硫黄臭は逆に強い感じがします。肌に優しい、まさに「美肌の湯」です。

少し青みがかって見えます。

露天風呂が奥津川にせり出していて、なかなか風情があります。

季節がいいと、川面の風が実に気持ちいいです。

内湯は歴史を感じさせる建物にあり、秘湯感があります。

風光明媚《めいび》な奥津川の近くにあり、ロケーションもかなり良い温泉です。

肌に優しい、美肌の湯

内湯のある質素な建物

岡山県苫田郡鏡野町奥津川西20

79 岡山県 小森温泉

備前池田藩、御用達の温泉です。

アルカリ性単純泉です。

微かに白い湯の花が舞っていますが、岡山県の温泉では珍しいです。

建物も浴槽も大変レトロで、良い味を出しています。

特に地下の浴室の天井の低さが好きです。

現在はこういった天井の低い浴室は造れないかもしれません。

浸かると滑らかな肌触りがして、肌が若返ったような気分になります。

近くに源泉池があります。

池田輝政公は、織田信長、豊臣秀吉、徳川家康といった天下人に近いところで、戦国時代を生き延びた武将です。なぜ大河ドラマの主人公にならないのか、不思議なくらいです。

岡山県では珍しい湯の花

大変レトロな建物

岡山県加賀郡吉備中央町小森

80 広島県 塩屋天然温泉 ほの湯 楽々園

含弱放射能－ナトリウム・カルシウム－塩化物強塩泉です。

広島県で源泉かけ流しの温泉は、非常に珍しいです。

源泉風呂は30度弱くらいの温度で、少し黄みがかっています。

浸かると、体にずしっときて、肌が少しひりひりします。

温泉分析書を見るまでもなく、非常に塩分濃度が高いです。

地下1100メートルからくみ上げた良質の源泉です。

源泉風呂以外にも、人工の炭酸泉やシルク風呂などがあります。

健康ランド的な外観ですが、源泉風呂のレベルは相当高いです。

宇品《うじな》天然温泉　ほの湯という施設も経営していて、そちらにも源泉浴槽があります。

塩っぽく、ひりひりする源泉浴槽

外観は健康ランド的ですが、泉質は本物

広島県広島市佐伯区楽々園5-7-1

81 山口県

俵山温泉　町の湯

俵山温泉は、こぢんまりした旅館が立ち並ぶ、ひなびた温泉地です。「町の湯」の他、「白猿《はくえん》の湯」という共同湯があります。

旅館には内湯がなく、宿泊した湯治客が町の湯と白猿の湯に「お湯を借りにいく」という、古くからの湯治場の文化が残っている希少な温泉地です。

ややぬるめのアルカリ性単純泉です。少しヌルヌル感があるやわらかい源泉に、湯治客も地元の方も静かに浸かっています。

飲泉場もあります。源泉に塩味がないので、飲泉はあまりおいしく感じることはありませんが、この手の源泉は胃腸に良さそうです。

湯治場的な雰囲気がかなり残っている、良い温泉地です。

ヌルヌル感のある源泉浴槽

昔ながらの共同湯スタイル

山口県長門市俵山5113

82 徳島県

松尾川温泉

アルカリ性硫黄泉です。源泉温度が25度で加温していますが、源泉かけ流しです。四国の温泉で源泉かけ流しは大変珍しいです。燃料代がかかると思いますが、ありがたいことです。

pHが10を超えていて、アルカリ度が高いので、浸かるとぬるっとした感じがします。四国でpHが10を超える温泉は、大変珍しいです。浴槽の中で、ずるっとなるくらいです。

湯上がりは肌がつるつるになります。

硫黄臭が芳しく、この点も四国の温泉では珍しいです。

ホテル祖谷《いや》温泉の近くで、山の中の秘境にあります。

これだけの良い泉質なので、冬場は少し厳しいかもしれませんが、源泉風呂を設けてもらえればと思います。

四国では珍しい源泉かけ流し

山の中の秘境

徳島県三好市池田町松尾黒川2-1

83
香川県

仏《ぶっ》生《しょう》山《ざん》温泉　天《てん》平《ぴょう》湯《ゆ》

四国最良の泉質

四国の方には少し失礼かもしれませんが、四国にこれほどレベルの高い温泉があるのかと驚いた泉質です。

ナトリウム－炭酸水素塩・塩化物泉です。

浸かると、すぐ肌に気泡が付きます。かなり炭酸分が強いです。

香川県というより、四国でも炭酸泉は珍しい。しかも、とろとろヌルヌルです。さらに塩分が含まれていて、飲んでもうまい。

そして何より、25度ぐらいの源泉をかけ流している浴槽があるのが、素晴らしい。

街中にあって、建物の外観は近代的すぎて、あまり泉質が期待できない印象を受けましたが、泉質はおそらく四国ナンバーワンでしょう。というより、西日本屈指だと思います。

25度の源泉浴槽

美術館的でモダンな建物

香川県高松市仏生山町乙114-5

84
長崎県

長崎温泉　喜道庵

泉質とロケーションに恵まれた露天風呂

内湯も高品質な源泉かけ流し

宿泊営業もしてほしい温泉施設

長崎県西彼杵郡長与町岡郷2762-1

長崎温泉といっても、長崎市内にありません。

最寄りはＪＲ長与駅で、なかなかアクセスが困難です。大村湾に面した風光明媚《めいび》な場所にあります。

時々予想をはるかに超えた泉質の温泉に巡り合うことがありますが、ここもそうでした。

ナトリウム－炭酸水素塩泉で、源泉温度は44度。加水加温なしの、本物の源泉かけ流しです。

温泉分析書によると、ここは炭酸水素イオンがかなり多いです。

露天風呂に浸かると、体中に泡が付きます。源泉の注ぎ口は、泡で真っ白になっています。

源泉の鮮度が素晴らしい。つるつるすべすべ感がすごいです。

85
熊本県

寺《てら》尾《お》野《の》温泉　薬師湯

肌を滑る感じのやわらかい泉質

温泉名を示す看板はもちろん、表示も何もないので、「車は通れません」という赤字で書かれた看板が目印です（左下写真）。

寺尾野集落の共同湯で、アルカリ性硫黄泉です。

外来の方にも、このような泉質の良い共同湯を開放していただいていることに心から感謝します。

建物も浴槽も実にシンプルですが、なかなか味があります。

建物に近づくにつれて、芳しい卵の臭いがします。濃厚な硫黄臭です。温泉には、微かに湯の花が浮いています。

特徴は、やわらかさとぬるさです。

薬師如来をお祭りされています。思わず、「おんころころせんだりまとうぎそわか」と唱えてしまいました。

この辺りから硫黄臭が立ち込めています

この道を上に進んでいきます

熊本県阿蘇郡小国町上田寺尾野

86
熊本県

湯《ゆ》浦《うら》温泉　岩の湯

肥薩《ひさつ》おれんじ鉄道の湯浦駅から、歩いて10分と少しの距離にある、知る人ぞ知る温泉です。

地元の方と話をした時、「よく岩の湯をご存じですね。地元でもあまり知られていないのですよ」と言われたことがあります。

一見、普通の温泉ですが、泉質と湯量が秀逸です。

弱アルカリ性単純泉です。

気泡がたくさん含まれている、やわらかい泉質です。

強いて言えば、湯田川《ゆたがわ》温泉田の湯（山形県）のような、体が浮き上がる独特の泉質です。

そして、湯量がすごい。年季を感じさせるウサギの注ぎ口から、ドバドバかけ流されています。

浴槽の大きさと比較して、湯量が多いので好印象です。

小さめの浴槽に源泉がドバドバ

外見は普通ですが、温泉は秀逸

熊本県葦北郡芦北町湯浦230-10

87
熊本県

平山温泉　元湯

よく近くの山鹿《やまが》温泉や菊池温泉と比較されますが、自然環境は平山温泉が一番と思います。

アルカリ性単純泉です。

泉質は山鹿温泉などと同様、ヌルヌルとろとろです。

旅館が十数軒あり、しゃれた宿が多い印象です。

この旅館は、温泉街の入り口にあります。元湯というだけあって、奥の方の旅館に比べるとつるつる感が強い感じです。

内湯と露天が一つずつあります。

湯量は浴槽の大きさに比べると、さほど多くありませんが、浸かると肌が生き返った感じがします。

湯上がりは、肌がすべすべです。

内湯に熱めとぬるめの浴槽があるのも、素晴らしい。

とろみのあるつるつる温泉

温泉街の入り口にある元湯

熊本県山鹿市平山256

88
熊本県

岳《たけ》の湯温泉
岳の湯共同露天風呂

岳の湯温泉は、高密度にあちらこちらの地面から温泉の白い蒸気が噴出している、全国的にも珍しい温泉地です。歩いていると、温泉の蒸気に包まれます。

はげの湯温泉から、歩いていける距離です。

白地商店という近所のお店で、お金を払って鍵をお借りします。少し坂を上った高台にある共同温泉は、貸し切りでとてもシンプルな造りの建物と浴槽です。

温泉分析書では単純泉ですが、硫黄の臭いがかなり強烈です。さすが温泉力の高い地域の温泉、という感じの濃厚さです。

浸かると熱めで、最初はピリッときますが、次第に肌になじんできます。「付き合ってみると良い人」的な泉質です。なかなか汗が引きません。

ピリッとくる力のある源泉

温泉蒸気が立ち込める温泉地

熊本県阿蘇郡小国町西里2798-2

89
熊本県

人《ひと》吉《よし》温泉
華まき温泉

ナトリウム炭酸水素塩泉です。

それにしても、炭酸の含有量がすごい。しかも、炭酸がきめ細かいです。

浸かると、体にびっしりと泡が付きます。手で肌をこすると、細かな泡がたくさん浮き上がります。

加えて、炭酸水素イオンが多いので、肌がつるつるすべすべになります。

ぬるめのほどよい温度で、長湯ができます。泡にも幸福感にも包まれます。帰る時には、後ろ髪を引かれるほどです。

オーナーの方とお話すると、この泉質に病みつきになる方が多いとのことで、なるほどなと思います。

球磨川《くまがわ》からは少し離れているので、２０２０年の豪雨による水害を免れたようです。

きめ細かな泡付きの源泉

病みつきになる人続出の源泉

熊本県人吉市下原田町1518

90
熊本県

人吉《ひとよし》温泉　堤温泉

源泉が浴槽からあふれています

人吉市は人口4万人弱の小さな城下町です。市内に共同湯が点在しています。「堤温泉」「新温泉（2020年の豪雨により閉業）」「鶴亀温泉」はレトロな雰囲気が好みで、よく訪れていました。

　堤温泉は人吉で一番古い銭湯だそうです。隣にある繊月酒造が、堤温泉を運営しているようです。米焼酎の立派な工場兼店舗があります。

温泉の建物も浴槽も渋いでしょう。

　ナトリウム-塩化物・炭酸水素塩泉が、豪快にかけ流されています。浴槽の縁から源泉があふれていて、これぞ本物の温泉という感じです。

　少し黒いつるつるのモール泉です。かけ湯の浴槽にも、源泉がかけ流されています。ものすごい泡でしょう。新鮮な源泉の証しです。

源泉の注ぎ口は泡で真っ白

大正時代からの営業、趣のある重厚な建物

熊本県人吉市土手町40

91
熊本県

奴《ぬ》留《る》湯《ゆ》温泉　共同浴場

名前のとおりの本物のぬる湯

「ぬるゆ」と名前の付いた温泉は、「温湯《ぬるゆ》温泉共同浴場」（青森県）と「ぬる湯温泉二階堂」（福島県）もあります。前者はどちらかというと熱めで、後者は冷たいです(^^)。ぬる湯は素晴らしい温泉文化です。心身ともにリラックスできます。

この共同浴場は、地元の方でにぎわっています。

33度くらいの本物のぬる湯の硫黄泉がかけ流されています。

丸石が敷かれた浴槽に浸かっていると、熱くも冷たくもなく、そのうち体がじわーっと温まってきて、うとうと眠くなります。

源泉が新鮮なので、気泡が体に付いて肌がつるつるします。

小一時間は楽に入れるくらいの、素晴らしい泉質です。

料金箱にお金を入れて入ります

地元の方がたくさん来ます

熊本県阿蘇郡小国町北里2284

92
熊本県

杖《つえ》立《たて》温泉 薬師湯、元湯

杖立温泉は、どこかひなびた風情があり、川と橋のたたずまいが哀愁を誘います。わびさび感がいいでしょう。

黒川温泉や、わいた温泉郷などの九州の温泉力のある温泉へ行く前に、ぶらりと立ち寄りたい場所です。

共同湯は、「薬師湯」と「元湯」「御前湯《ごぜんゆ》」の三つです。

比較的多い泉質のナトリウム－塩化物泉ですが、ここはどことなくしっとり感が違います。

漫画家のつげ義春さんが、『貧困旅行記』でこの温泉地のことを書いています。

昔はかなりにぎやかというか、古き良き温泉地だったようです。

その内容と比べると、この温泉地はかなり変わってしまったなと、いろいろ考えさせられます。

厳かな薬師湯

温泉地から階段を上っていく薬師湯

川に面した元湯

橋から見た杖立温泉の温泉郷

熊本県阿蘇郡小国町下城

93
熊本県

日《ひ》奈《な》久《ぐ》温泉　松の湯

単純泉です。

日奈久温泉は、旅館幸ヶ丘以外は共同源泉を使っているので、各施設の泉質に違いはありません。

松の湯の売りは、昭和6年開業の浴槽がそのまま残されていることです。

当時、よくこれだけモダンな浴槽を造られたと感心します。

ブルーのタイルに透き通った源泉がかけ流されていて、荘厳です。歴史を感じます。

浴槽が深いので、中腰で入ります。少し硫黄臭のする源泉がじわーっときます。

日奈久温泉の共同湯は、他に「ばんぺい湯」と「東湯」があります。

十数軒ある旅館もほとんどが、源泉かけ流しの良い温泉です。名物のちくわがうまいですよ。

昭和6年から使われている浴槽

源泉かけ流しの多い温泉地

熊本県八代市日奈久中西町380

94
熊本県

火の山温泉　どんどこ湯

アーデンホテル阿蘇に隣接した温泉です。

マグネシウム・カルシウム・ナトリウム硫酸塩泉です。

緑白色の源泉で、独特の金属臭がします。

いかにも地下でたくさんのミネラルを吸収して醸成されたとおぼしき、ありがたい泉質です。

溶岩と巨木を組み合わせてワイルドな空間を造っている露天風呂がインパクト大で、どこかワクワクします。

足を踏み入れた瞬間、何が出てくるか分からない感じもします。

浸かると、キシキシします。源泉の濃さを実感します。

さすが、阿蘇の火山地帯の温泉だなと思います。

内湯にも、パワフルな源泉がかけ流されています。源泉に火山の力強さを感じます。

阿蘇の火山力を感じさせる源泉

アーデンホテル阿蘇に隣接する日帰り施設

熊本県阿蘇郡南阿蘇村下野135-1

95
熊本県

吉《よし》尾《お》温泉
湧泉閣、共同浴場

ブルーのタイルが目にも鮮やか

自家源泉を持つ温泉力の高い旅館

吉尾温泉、共同浴場の浴槽

地下に通じるらせん階段

湧 泉 閣◉熊本県葦北郡芦北町吉尾42
共同浴場◉熊本県葦北郡芦北町吉尾24

吉尾温泉はJR肥《ひ》薩《さつ》線の吉尾駅から歩いていける、ひなびた温泉地です。

単純硫黄泉です。とはいっても、あまり硫黄臭くはなくやわらかい泉質です。

肌に優しい、ぬるめの泉質です。

浸かるとつるつる感がします。肌を源泉が滑っていくような感触です。湯上がりはしっとりします。

湧泉閣は、敷地内から自家源泉が湧出している、温泉力の高い旅館です。ただし、2023年3月時点で、日帰りのみの営業です。

どこか癒やされる温泉で、とてもリラックスできます。

この温泉地には、共同湯が1軒あります。

らせん状の階段を下りた地下にある、石造りのこぢんまりした浴槽で、少し薄濁りの泉質です。隠れ家のような温泉です。

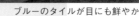

96
大分県

天《あま》ヶ《が》瀬《せ》温泉
神《じん》田《でん》湯、薬師湯、益《ます》次郎温泉、駅前温泉

神田湯

薬師湯

益次郎温泉

駅前温泉

大分県日田市天瀬町

天ヶ瀬温泉の玖珠《くす》川沿いに、露天の共同湯が複数あります。川沿いにこれほどたくさんあるのは、全国でここだけだと思います。

単純泉です。地中深くボーリングして吸い上げた単純泉とは異なり、とろみとすべすべ感のある良い泉質です。

「神田湯」は道路から丸見えです。脱衣所もありません。でも、皆さん、普通に入っています。

「薬師湯」は以前、さえぎる物がありましたが、なくなってしまいました。

「益次郎温泉」は幕末、長州藩の大村益次郎が入ったとされる歴史のある湯です。

白濁しているのが「駅前温泉」です。

2022年7月に玖珠川が氾濫したことで、付近の共同湯は壊滅しましたが、だいぶ復旧しました。ありがたいことです。

97 大分県

拍子《ひょうし》水《みず》温泉 姫島村健康管理センター

国東《くにさき》半島の伊美《いみ》港から船で20分ほど行った場所にある姫島は、人口1900人くらいの小さな島です。温泉は、姫島村健康管理センターにあります。

炭酸水素塩泉です。比売語曽神《ひめこそのかみ》がお歯黒をつけた後、口をゆすごうとしますが水がなく、手拍子を打ってお祈りしたところ、この温泉が湧き出したそうです。日本書紀のお話です。

源泉は25度くらいです。

手前の黒く見える方が源泉浴槽で、沸かすと茶色く濁ります。

浸かると、体に泡がたくさん付きます。

島に七つの伝説があります。その一つが、先ほどの温泉の話です。

孤島の温泉は、非日常体験ができます。

黒い方が源泉の炭酸泉

姫島の温泉施設

大分県東国東郡姫島村5118-2

98 大分県

金屋温泉

宇佐神宮の近くにある、田んぼの中の一軒家です。

予想を超えた素晴らしい泉質の温泉に遭遇することが、たまにあります。それが起きたのが、ここです。

浴室に入って温泉を見た時、心の中でガッツポーズをしました。

ナトリウム・マグネシウム－塩化物泉です。

緑白色が目にも鮮やかです。これほどきれいな緑白色の温泉は、珍しいです。

塩味とだしも利いていて、うまいです。

ぬるめなので、長湯ができます。炭酸分もわずかに感じられます。

少しゴムの焦げたような臭いが、鹿児島県の妙見《みょうけん》温泉の泉質に似ています。

さすが日本一の温泉県、大分の日帰り温泉です。

ゴムを焦がしたような緑白色の源泉

予想をはるかに上回る泉質の温泉

大分県宇佐市金屋笹川1781-3

99
大分県

明《みょう》礬《ばん》温泉 へびん湯、鶴の湯

川沿いにあるへびん湯

へびん湯の外観

青みがかった鶴の湯

鶴の湯の全景

別府の明礬温泉近くに、野湯があります。

「へびん湯」は山深い所にあり、自然と一体化した感じの川沿いに位置します。

名前とは関係なく、ヘビの生息地ではありません。

明礬温泉から車で20分くらい、山中に入っていきます。

単純泉でやわらかくて、実に良い泉質です。温度は少しぬるめで入りやすいです。


浴槽は三つあり、どれも風情があります。

「鶴の湯」は硫黄泉で熱め、浸かるとピリッとします。少し青みがかっています。石を敷いた、きれいな野湯です。

山の中の温泉を、これだけきれいに管理するのは大変なご苦労だと思います。管理していただいている方に心から感謝です。

大分県別府市鶴見

100 大分県

別府温泉 茶房たかさき

別府温泉には、競輪場や芝居小屋、飲み屋街にお寺など、さまざまな場所に温泉があります。

茶房たかさきは、JR別府駅から歩いて15分くらいの住宅街にあり、しゃれたカフェに温泉が併設されています。

コーヒーかケーキセットを注文すると、無料で温泉に入れます。

泉質は単純泉です。

別府温泉特有の、体にまとわりつくようなパワーを感じる泉質です。

つるつる感があり、芳しい温泉臭もします。

別府温泉は「温泉界の王様」といった感じです。単に湯量や源泉数、共同湯の数が多いだけでなく、日常生活の中に何気なく、普通に温泉が溶け込んでいます。

カフェに併設された温泉

メニュー表と一緒に

大分県別府市朝見1-2-11

101 大分県

豊《ぶん》後《ご》くたみ温泉 ほていの湯

浴槽の端に、布袋様がいます。オーナーの夢枕に現れた布袋様に、掘りなさいと言われた場所を掘ったことで、温泉が湧出したそうです。

泉質がかなり個性的です。ナトリウム－炭酸水素塩泉で、少し灰色に濁っていて、よく分からない金属臭がします。

少しとろみがあってぬるっとした湯触りです。

似た泉質の温泉が浮かびません。温泉分析書をじっくり見たのですが、どの成分が個性的なのかは分かりませんでした。

内湯と露天風呂があります。

「七色の湯」といわれていて、湯の色がよく変わるようです。確かに日によって色が変わりそうな泉質です。

久住《くじゅう》高原の近くは、泉質がさまざまで個性的な温泉が多いです。

浴槽の端に布袋様が……

七色の湯といわれる温泉。この日は灰色

大分県竹田市久住町栢木5581-1

102 大分県

深《しん》耶《や》馬《ば》溪《けい》温泉　若山温泉

食堂に併設された温泉です。手造り感満点の露天風呂がいいでしょう。川沿いで、野趣満点の浴槽です。

アルカリ性単純泉が、とうとうとかけ流されています。湯量が多くて、つるつるの泉質です。少しとろみがあります。

川のせせらぎを聞きながら、開放感に浸れます。

実にやわらかい泉質の温泉です。浸かっていると、あっという間に時間がたちます。

やはり温泉はロケーションが大事だと、つくづく感じます。

露天以外に、貸し切りもあります。

料理は大衆的なメニューですが、実にうまい。

秘湯巡りをする中で、食堂に源泉かけ流しの温泉があるのは大変ありがたいことです。

快適な露天風呂

露天風呂は川沿いにある

大分県中津市耶馬溪町深耶馬3263

103 大分県

湯布院温泉　石《いし》武《たけ》温泉

湯布院は個人的に、あまり無理して行かない所です。ごちゃごちゃしているのが少し苦手ですし、肝心な泉質も一部を除いて個性がやや弱い感じがするからです。湯量が多いにもかかわらず、共同湯を一般に開放していないところがあるのも残念です。

「石武温泉」は、湯布院では比較的なじみの薄い共同湯だと思います。「加勢の湯」「下ん湯」などとともに、一般に開放していただいています。誠にありがたいことです。ただ、一般の方が入れる時間は決まっています。

単純泉ですが少しとろみがあって、肌になじむ良い感じの泉質です。

建物と浴槽のひなびた具合も、なかなか渋い。

こんな良い共同湯があるんだなと、感心させられます。

とろみがある素朴な共同湯

地域の方に感謝です

大分県由布市湯布院町川北

104
大分県

湯平《ゆのひら》温泉
金の湯、銀の湯、橋本温泉

金の湯

銀の湯

砂湯（休業中）

湯平温泉の街並み

大分県由布市湯布院町湯平

湯布院の隣の温泉地にある湯平温泉は、知名度が少し弱い感じですが、ナトリウム－塩化物・硫酸塩泉の泉質が素晴らしいです。

ちょっととろみがあって、肌になじむすべすべ感のある落ち着いた泉質です。

レトロな共同湯が五つもあります。「金の湯」「銀の湯」「橋本温泉」「中の湯」「砂湯」です。湯布院よりも泉質が個性的で、源泉かけ流しが多い印象です。

狭いエリアに五つも共同湯があるのは、すごいことです。豪雨による復旧作業や新型コロナウイルス感染症対策などによる影響で、利用中止の期間がありましたが、２０２３年４月から砂湯を除いて再開するそうで、楽しみです。

湯平温泉の街並みは、独特の雰囲気です。

少し台湾の九份《きゅうふん》っぽくていい感じです。

工務店の資材置き場の奥にある温泉

105
大分県

某工務店の湯

市街地から少し山に入った所にある、工務店の温泉です。敷地内に源泉が湧出しています。

資材置き場の奥にあります。温泉を示す看板はないので、知らないと通り過ぎてしまいます。

社長のご厚意で、温泉に入れていただけます。誠にありがたいことです。

浴槽は一つだけで、きれいに掃除されています。

泉質は、ナトリウム－炭酸水素塩泉だと思います。青みがかって、少しとろみがあります。

微かな硫黄臭がします。泉質的にかなりレベルの高い温泉です。

蛇口をひねって源泉を浴槽に勢いよくかけ流すことができます。

素朴な料金箱が渋い。

工務店の全景

料金箱にお金を入れてお湯をいただきます

大分県玖珠郡玖珠町

106
大分県

大鶴温泉　夢想乃湯

カオスの中の温泉

玖珠《くす》温泉のエリアに入ります。

　ナトリウム－塩化物・炭酸水素塩泉です。

　住宅街の中にこつぜんと、この建物が現れます。手造り感があり、ゾクゾクするでしょう。

　外観を見ただけで、泉質の良さを想像してしまいます。

　ラーメン屋さんとか、お好み焼き屋さんにも当てはまるかもしれません。

　すきま風というか、大変風通しの良い建物です。

　100円を投入して回転ドアのような戸をこじ開けて入ります。すると、中には、骨《こっ》董《とう》品のようなものがところ狭しと置かれています。カオスです。

　浸かると、予想どおりつるつるすべすべのかなり良い泉質です。

回転ドアを開けて入ります

手作り感があります

大分県玖珠郡玖珠町帆足299-1

107
鹿児島県

日《ひ》当《なた》山《やま》温泉 しゅじゅどん温泉

ぬるめでつるつる感のある源泉

かなり激しい勢いのドバドバ

地域の方に愛される日帰り温泉

鹿児島県霧島市隼人町東郷119

「しゅじゅどん」とは、江戸時代のこの辺りの代官の名前だそうです。

シンプルな浴槽と、源泉のドバドバの供給量がいいでしょう。

アルカリ性単純泉です。かなり激しい勢いで源泉が注入されています。

ぬるめで実にやわらかい。しかも、肌によくなじんでつるつる感があります。これが本物の温泉です。

浸かると体が源泉に包まれる感じがします。

無理して地中深くまで掘削した、アルカリ性単純泉とは、泉質が根本的に違います。

日当山温泉は、街中にあります。西郷どん湯や日向山温泉センターなど、質素でありながら温泉力の高い温泉がそろっています。

108
鹿児島県

市比野《いちひの》温泉　丸山温泉

無敵のひなびた浴槽

いい感じにひなびた建物

「営業しています」という看板が渋い

鹿児島県薩摩川内市樋脇町市比野2295-6

建物と浴槽のひなびた具合が、素晴らしいでしょう。ここまでくると無敵ですね。

橋の近くの階段を下りていきます。

初めて来た時は、「ほんまにここに温泉があるのか」と思いました。

写真の「営業しています」とあえて書いている看板が泣かせます。

少し熱めのアルカリ性単純泉です。

pHが9・6で、かなりつるつるした感じです。体にじんわりと温泉成分が染み込んできます。

浴槽に比べて源泉量が多く、これぞ本物の源泉かけ流しです。

素泊まりもできるそうです。

市比野温泉は、「上之湯」「下之湯」など風情のある良い共同湯もあります。

109
鹿児島県

宮之城温泉　さがら温泉

さがら食堂の奥に併設された、日帰り温泉です。

こぢんまりした浴槽があり、単純硫黄泉です。

熱めの源泉で、肌も気持ちもシャキッとします。

硫黄の香りが芳しいです。つるつる感の強い、良い泉質で湯上がりが爽快です。引き締まる感じがします。

食堂のメニューが豊富でうまい。


秘湯巡りの中で、おいしい料理をいただいて腹ごしらえできるのは、実にありがたいです。

鹿児島県の温泉地は、霧島、指宿《いぶすき》といったメジャーな場所以外にも、宮之城、市比野《いちひの》、紫尾《しび》などの実力派がたくさんあります。

源泉かけ流しの奥が深い温泉地だと思います。

食堂に併設された温泉

食事もおいしかった

鹿児島県薩摩郡さつま町湯田1366-39

110
鹿児島県

川内《せんだい》高城《たき》温泉　川内岩風呂

川内高城温泉は、ひなびた旅館が軒を連ねる古き良き湯治場の風情です。

川内岩風呂は、近くの竹屋旅館が管理する日帰り施設です。

風情のある浴室と浴槽でしょう。広めの浴槽に、アルカリ性硫黄泉がかけ流されています。

川内高城温泉らしく、つるつるすべすべの泉質です。硫黄泉でこれほど肌に優しい泉質は珍しいと思います。

また、この泉質ゆえ、木製の浴槽はよく滑ります。

私は初めて入った時、浴槽内で見事にずるっと滑りました。

あくまでも私見ですが、この木製の浴槽は、日本一よく滑る温泉かもしれません。

しかし、慣れればなんということはありません。

風情ある浴室

浴槽の中で見事に滑りました

鹿児島県薩摩川内市湯田町6489

111
鹿児島県

塩《しお》浸《びたし》温泉　竹林の湯

芸術的な湯だまり

「竹林の湯」は竹林の中にあることから、誰かが名付けたようです。

道路からしばらく山道を下っていきます。

塩浸温泉や、同じ霧島市にある妙見《みょうけん》温泉には、いくつかこういった野湯があります。

竹林の湯は大地から豪快に、含二酸化炭素－ナトリウム－塩化物泉とおぼしき源泉がゴボゴボと噴き出しています。ものすごい湯量で壮観です。これぞまさしく自然湧出です。

50度を超えているでしょうか。泉温は結構高いです。

源泉が川に流れる先にうまい具合に湯だまりがあり、浴槽らしくなってはいます。

ただ、そこに着くまでが熱くて、しかも滑りやすいです。川に滑り落ちると、かなり危険です。

これぞ自然湧出

意味もなく源泉を指差しています

鹿児島県霧島市牧園町宿窪田

112
鹿児島県

滝の湯

きれいに掃除された無人温泉

姶良《あいら》市にあります。

ある温泉施設が廃業してしまって、この温泉もしばらく朽ち果てていたようですが、地元の方のご尽力で無人温泉として復活しました。きれいに掃除していただいて感謝いたします。

ただ、中にはこの温泉の存在を知らない地元の方もいるようです。

タクシーでしか行けない場所にあり、ペットボトルに料金の200円を入れて利用します。

温泉分析書がないので泉質は不明ですが、含二酸化炭素－ナトリウム・カルシウム－炭酸水素塩泉だろうと思います。

緑白色がきれいでしょう。浸かると、かなり濃厚です。鉄分を含んでいてシュワシュワ感があります。

源泉は透明でシュワシュワ

ペットボトルにお金を入れて入ります

鹿児島県姶良市蒲生町白男1477

地域に根付く本物の共同湯

113
鹿児島県

横《よこ》瀬《せ》温泉　共同浴場

スポンサーの名前がずらり

共同湯は全国にたくさんありますが、その中でもここは「地域の方の、地域の方による、地域の方のための共同湯」という印象を最も強く受けました。

ナトリウム・カルシウム・マグネシウム－炭酸水素塩・塩化物泉です。

シンプルな浴槽と、黒みがかった灰色の濁りがいいでしょう。飲泉すると、微かな塩味とカルシウム分の甘みを感じます。

浸かると、つるつる感としっとり感がかなりします。

赤い屋根が印象的です。

建物内には、建設に出資した方のお名前が掲示されています。

このような素晴らしい温泉に浸からせていただくことができて、地元の方々にただただ感謝です。

印象的な建物の外観

鹿児島県霧島市牧園町上中津川133-1

114 鹿児島県

湯之元温泉 元湯・打《うち》込《こみ》湯《ゆ》

ＪＲ湯之元駅から歩いて10分くらいの場所にあります。

２種類の源泉が楽しめる日帰り温泉で、２０２０年10月にリニューアルしました。

どちらも単純硫黄泉です。「元湯」が神経痛、「打込湯」が皮膚疾患などに効果があるという表示があります。ここまではっきり書いている温泉は非常に珍しいです。

確かに、２種類の泉質は微妙に違います。

元湯がキシキシした感じで、打込湯は少しマイルドな肌触りです。

元湯の方が少し熱く、しゃきっとします。どちらも微かに硫黄臭がします。

さすが鹿児島の温泉、という感じの力のある湯です。

隣の宮崎県にも、炭酸泉で有名な湯之元温泉という、同じ名前の温泉があります。

２種類の源泉かけ流し

きれいにリニューアルされました

鹿児島県日置市東市来町湯田2225-1

115 鹿児島県

鰻《うなぎ》温泉 区営鰻温泉

区営鰻温泉は、鰻池の近くの湯治場です。

指宿《いぶすき》の先の山川温泉から、さらに車で15分ほどの距離にあります。

温泉力の高い地域で、そこらじゅうから湯煙が上がっています。

やや黄みがかった硫化水素泉です。源泉が85度と高温で加水していますが、それでも濃厚な泉質です。

肌がキシキシして、シャキッとします。

西郷隆盛が西南戦争に担ぎ出される前に過ごした温泉地で、逗留《とうりゅう》所の跡もあります。

鰻池や周りの山々を西郷隆盛も見ていたと思うと、不思議な気分になります。

鹿児島は、西郷隆盛ゆかりの温泉がいくつかあります。県民に慕われていたことを実感します。

加水しても濃厚な源泉

西郷どんゆかりの湯

鹿児島県指宿市山川成川6517

116
鹿児島県

川《かわ》辺《なべ》温泉

ガウディー的な建物の中の温泉

南九州市川辺町にあります。鹿児島中央駅からバスで1時間以上かかる場所で、苦労してたどり着きました。
建物すごいでしょう。ガウディー的です。
先代オーナーが材木を集めて、自分で建築したそうです。うそみたいな話ですが、本当のようです。建物の中に仏像や観音様などがいらっしゃいます。実に不思議な空間です。

これまで思いっきりボロ屋だったり、傾いていたり、ツタが絡まりまくったりする温泉をご紹介しましたが、建物を見て絶句した温泉は、ここが初めてです。写真よりも実物の方が、インパクトがあると思います。
温泉はアルカリ性単純泉です。これがまたすごい。とろみとヌルヌル感と硫黄臭が特徴です。

建っているのが不思議

これだけでもすごい温泉の入り口

鹿児島県南九州市川辺町平山6180

117 鹿児島県

松元温泉 玉《たま》利《り》浴場

温泉成分で縁が変色した浴槽

指宿《いぶすき》市にあります。

看板が台風で壊れてしまったそうで、現在は地元の方しか来ないそうです。

普通の民家を温泉にした感じで、脱衣所も浴室も大変レトロです。

どこか懐かしい感じがします。

ナトリウム－塩化物泉で、源泉の注入口には泡が浮いています。


源泉が新鮮です。とろみとつるつる感、ヌルヌル感があり、病みつきになる肌触りです。

芳しい金属臭もします。

浴槽はひなびていますが、きれいに清掃がされています。

温泉成分が濃いせいか、浴槽の縁や浴室の床はかなり変色しています。

街中の住宅に隠れるようにたたずむ、本格的な秘湯です。

脱衣所もレトロ

街中の秘湯

鹿児島県指宿市十町2558-1

118 鹿児島県

米丸温泉

質素でひなびた温泉で、大変アクセスが困難です。公共交通がありません。

林の中の一軒家は、建物も浴槽も相当古くてひなびています。

入り口が少し分かりにくく、「本当に温泉があるんかな」という感じです。

ナトリウム‐塩化物・炭酸水素塩泉です。

源泉は透明ですが、沸かすと緑白色になります。浴槽の壁の色も緑色で、全体的に「緑の湯」という感じです。

源泉が30度くらいなので少し加温しています。金属臭が強く濃い温泉です。

浸かると、肌がキシキシする感じがします。温泉成分が肌を滑っていく感じがします。

とげ抜きの効果があるそうで、抜けたとげがビンの中に置かれていました。

壁も温泉も緑色

民家の雰囲気

鹿児島県姶良市蒲生町米丸3275

119 鹿児島県

開《かい》聞《もん》温泉

薩摩半島の南端にあります。

写真をご覧のとおり、赤茶色が鮮やかで濃厚な泉質です。

この濃厚な色合いが、ひなびた浴槽に合うでしょう。

ナトリウム‐塩化物泉がかけ流されています。

この泉質は全国的に比較的多いのですが、ここはかなり塩分が強いです。しかも、鉄分もすごい。

浸かると肌にまとわりつくような、ずっしりとした肌触りです。一言で言えば、重たい泉質です。さまざまな温泉成分が体に吸収されていくような感じがします。

以前は、国民宿舎かいもん荘が近くにあり、露天風呂などなかなか風情があったのですが、残念ながらなくなってしまいました。

ここは残ってもらいたいです。

こってりした赤茶色の源泉

レトロな建物

鹿児島県指宿市山川岡児ケ水1446

120 鹿児島県

二《に》月《がつ》田《でん》温泉　殿様湯

島津家の十文字の家紋

指宿《いぶすき》には、ここ以外にも村之湯温泉と弥次ヶ湯温泉といった良い日帰り温泉があります。

それにしても、この浴槽は反則です。

なんと、島津家の十文字の家紋入りです。温泉の浴槽に有名な家柄の家紋が入っているのは、おそらくここだけだと思います。おそれ多いことです。

この古くて渋い浴槽に、歴史ある青白く濁った良質の塩化物泉がかけ流されています。

建物の裏手には、島津家のお殿様が入った温泉跡があります。島津斉興《なりおき》公だそうです。ちなみに、斉興公は西郷隆盛を抜擢した斉彬《なりあきら》公の前藩主です。

近代日本の礎となった鹿児島のパワーを実感できる、類いまれな温泉です。

島津のお殿様が入られた温泉跡

殿様湯という名前がすごい

鹿児島県指宿市西方1408-27

121
鹿児島県

横川温泉

ＪＲ植村駅から歩いていけます。

田園の中にあり、建物がひなびていて、いい感じでしょう。

無色透明の単純泉ですが、さまざまな温泉成分を含んだ良い単純泉です。

実は、単純泉は奥が深くて、水のような泉質から濃いものまでいろいろあります。

単純泉は特定の成分が突出していないだけで、全体としては温泉らしい味と香りがすることが多いです。

ここもまさにそうで、源泉の注入口が茶色に変色していることからもお分かりいただけると思います。

横川温泉は「絵になる温泉」のジャンルにも入ります。遠目から見る建物が、どこかほのぼのとしています。

温泉成分で変色したタイル

ほのぼのとした建物

鹿児島県霧島市横川町中ノ3461-1

122
鹿児島県

浜《はま》児《ちょ》ケ《が》水《みず》区営温泉

指宿《いぶすき》の先の山川温泉から、さらに車で20分ほどの距離にあります。

ここまでくると、随分遠くに来たなと思います。

ご覧のとおり、建物も浴槽もひなびていて実に渋い。地域の方のために存在する共同湯です。

少し熱めのナトリウム・カルシウム－塩化物泉で、浸かると体にピリッときます。湯上がりは心身ともにシャキッとします。

循環も塩素殺菌もまったく無縁の地中から、湧き出たばかりの本物の新鮮な源泉です。

ここは、「日本一安い温泉」といわれています。以前は１００円でしたが、現在は１２０円に値上げされました。

地元の方々とのコミュニケーションが楽しい共同湯です。

シンプルな浴槽にピリッとくる源泉

「日本一安い温泉」といわれたことも

鹿児島県指宿市山川浜児ケ水178

123
鹿児島県

屋久島の温泉 平内《ひらうち》海中温泉、尾之間《おのあいだ》温泉、湯泊《ゆどまり》温泉、楠川《くすがわ》温泉

平内海中温泉

尾之間温泉

湯泊温泉

楠川温泉

写真は上から順に、「平内海中温泉」「尾之間温泉」「湯泊温泉」「楠川温泉」です。

平内海中温泉は、アルカリ性単純泉です。干潮の前後2時間だけ入れる混浴露天風呂で、入り口のポールのような所に200円を入れて入ります。

尾之間温泉は、単純硫黄泉です。48度の源泉が浴槽の底の玉石からじかに湧いていて、硫黄臭のするやわらかい源泉です。つるつる感がすごいです。

地元の盆踊りの絵と歌が描かれている壁は、実に趣があります。

湯泊温泉は、海沿いのアルカリ性単純泉の野湯です。

楠川温泉は、山の中の秘湯です。アルカリ性単純泉ですが、冷泉なので加温しています。細長い浴槽が珍しいです。

鹿児島県熊毛郡屋久島町

124
鹿児島県

硫《い》黄《おう》島《じま》の温泉
東《ひがし》温泉、大《うー》谷《たん》温泉、坂本温泉

激アツの東温泉

海水が混じった大谷温泉

入るのがなかなか困難な坂本温泉

海に源泉が流れ出ています

鹿児島県鹿児島郡三島村硫黄島

大東亜戦争の激戦地である硫《い》黄島《おうとう》（東京都）と区別するため、「薩摩硫黄島」という人もいます。

鹿児島港から船で4時間ほどかかり、島全体が火山という感じの温泉が多い場所です。

「東温泉」は、激アツの強酸性の硫黄泉です。

源泉が海に流れ落ちている所に入れる、海中温泉です。見掛けより海水の流れが速くて、かなり怖いです。

「大谷温泉」は、浅い海に硫黄が湧いて白濁しています。

「坂本温泉」は一応整備されていますが、海水が入ってくるので、適温で浸かるのが難しい塩化物の温泉です。

硫黄島では、海岸近くで湧出した源泉が海岸に流れ出して、海が茶色に濁っています。このような光景は、他に見たことがありません。

125
沖縄県

シギラ黄《おう》金《ごん》温泉

源泉かけ流しのジャングルプール

9つのホテルとゴルフ場などがある、シギラセブンマイルズリゾートにある温泉です。伊良部《いらぶ》大橋など、風光明媚《めいび》で見どころの多い宮古島の南海岸にあります。

日本最南端、最西端の温泉といわれています。ナトリウム-塩化物泉です。50度の源泉で、1日800トンの湧出量です。

シギラ黄金温泉という名前のとおり、黄金色の源泉で、つるつる感がすごい。

湯上がり後も体中がつるつるです。これほどつるつる感が持続する泉質は、珍しいです。

亜熱帯の花木に囲まれた「ジャングルプール」が素晴らしい。水着着用の混浴です。男女別の内湯と露天風呂もあります。こちらはじっくりと温まります。

湯上がり後もつるつる、絶品の泉質

宮古島に湧出する黄金色の温泉

沖縄県宮古島市上野新里1405-223

第2部

温泉にまつわる30のお話

第1話　道案内する犬

関東のある温泉地の旅館のお話です。

バスの停留所からその旅館までは、車でアクセスすることができません。温泉を満喫した後、1時間くらいの道のりを歩いて帰ろうとした時、目の前に犬が現れました。茶色の雑種で、どこにでもいるような普通の犬です。

先ほどの旅館で飼われているのかなと思ったのですが、その犬は実に不思議な行動をします。なんと私を先導してくれるのです。時々後ろを振り向いては私を見て、姿が見えなくなってもまた視界に現れます。犬は私を心配するように見ることがあり、なんだか不思議な感じがしていました。

その犬が一定の距離をとって私を道案内してくれる間、私はものすごく癒やされた気分になりました。

ここ数年、家で犬を飼い始めてから感じているのですが、犬はかなり賢く、人を癒やす力を持っています。以前は好きではなかったのですが、最近は変わりました。

バスの停留所が見えて、「この犬のおかげで道中は安全だったし、時間も短く感じたな」と思った瞬間、犬は姿を消していました。周りをきょろきょろ探してみたのですが、どこにも見当たりません。

ところで、この話には後日譚があります。東北のある秘湯で知り合った人と、たまたま話題がくだんの犬に及んだのです。その人は少し表情が変わり、一瞬何かを言いたそうにしたのですが、急に話題を変えてしまいました。その人もそこで私と同じ体験をされたのか、別のところで似た経験をされたのか、あるいは何か話したくない理由があったのか、今となっては分かりません。

第2話 大蛇のいるホテル

中国地方にある温泉地での出来事です。

いくつか旅館が立ち並ぶ中で、そこは最も豪華な感じがしました。特に大きな湖にせり出した露天風呂は趣があります。大型旅館であるにもかかわらず、湯量が豊富なためか、源泉かけ流しにしているのが素晴らしい旅館でした。

私が露天風呂に入っていると、後ろにふと気配を感じます。振り向きざま、思わず「ギャー」と叫んでしまい、周りのお客さんをびっくりさせてしまいました。

そこには、大きな蛇がいたのです。長さは優に1メートル50センチあり、太さも野球バットのグリップほどでした。その蛇が手すりに絡みながら、くねくねと移動しているではありませんか。

私はびっくりして、反射的に洗面器にお湯を入れて蛇にかけました。41度くらいの温泉なので、蛇にとってても熱いはずですが、蛇は何事もなかったかのように悠々と手すりを伝って移動し続けます。次第に、怖いというより畏敬の念を抱きました。

年配のお客さんが「こんな立派な蛇は見たことがない。これは大変縁起が良いよ。そっと逃がしてやった方がいい」と言うので、私を含めた何人かのお客さんは、立ち上がって蛇の移動をじっと見守りました。みんなの目が、その蛇に吸い寄せられているかのようでした。

しばらくして、蛇は手すりを伝い、どこかへ行ってしまいました。

大きな蛇はどこか荘厳さを感じさせます。私が見た蛇は、周りの人の精神を集中させるような不思議なパワーがありました。

蛇を見て、必ずしも縁起が良いとは思いませんでしたが、その後、困難だと感じていた仕事が意外にスムーズに進んだことがあり、ふとあの蛇の雄姿を思い出しました。

第3話 同じ行動パターン

温泉地での共同湯や日帰り温泉巡りは、さまざまな浴槽、泉質を楽しむことができて、実に楽しいです。

私の場合、宿泊先の旅館に入る前に6、7カ所ほど立ち寄ることはザラにあります。

実名を出してよいと思うのですが、長野県の野沢温泉の共同湯巡りをしていた時の話です。

ここは「湯仲間」という地域の共同体によって、13軒の共同湯が管理されています。さい銭箱にお金を入れて、お湯をお借りするという素晴らしい温泉文化が残っている聖地です。

何度も通ううちに、自分の中で野沢温泉の共同湯のランク付けができます。エメラルドグリーンがきれいな「滝の湯」、熱めでしっかりした泉質の「麻釜《あさがま》の湯」、白濁していることが多い「真湯《しんゆ》」、やや薄濁りで金属臭が芳しい「十王堂《じゅうおうどう》の湯」、少し緑がかった「熊の手洗湯《あらゆ》」、一番離れた場所にあって、やわらかな泉質で湯の花が浮いている「中尾の湯」が上位ランクで、時間が限られているときはこれらを順に回ります。

その人はリュックサックを背負って、登山者風の格好をした40代の男性でした。滝の湯に先に入っていたので、私は「お邪魔します」と声をかけて入り、出る時は「お先に失礼します」と言いました。

その後、私が麻釜の湯に入っていると、その方が「失礼します」と言って入ってきたのです。先に出たのは、私です。

続いて真湯に入っていると、なんとまたその方が入ってきました。この時は、他にも人がいたので、全員に「お邪魔します」と声をかけていました。「この人、私を付けてきているのかな」と思ったほどです。

私は真湯を出て、熊の手洗湯を飛ばして、少し離れた十王堂の湯に向かいました。「まさか、ここには来ないだろう。他にもたくさん共同湯はあるからな」。そう思ったのです。そして、出ようとした時、なんとその方が入ってきました。真湯から十王堂の湯に直接来るのは、かなり珍しいです。途中、有名な熊の手洗いの湯など、いくつか手頃な共同湯があるからです。私は思わず「奇遇ですね」と言って、お互い笑いました。

その後、十王堂の湯から歩いて10分くらいの場所にある中尾の湯に入りましたが、さすがにその方は現れませんでした。安心して来た道を帰る途中、なんとその方に遭遇しました。この時、「偶然にしては怖い」と思いました。その方も驚いていました。彼の向かう方向には、中尾の湯しかないからです。最後は、会釈だけしてすれ違いました。

「宿泊した旅館にもし、その方がいたら」と思いましたが、さすがに姿を見ることはありませんでした。それにしても、13軒も共同湯があるのに偶然すぎます。

実はこれに似た話を、他の温泉地でも何回か経験したことがあります。同じ行動パターンになる人のタイプは、どういう訳かリュックを背負った登山者風の痩せ型の男性です。後で顔が思い出せないくらい、どこか影が薄いのも特徴です。

第4話　帰らない刺青《いれずみ》

甲信越のある温泉地での出来事です。

浴槽が一つだけのシンプルな温泉で、いかにも共同湯という感じのひなびた良い雰囲気です。脱衣所に入ると、先客がいました。ちょうど後ろを向いていましたが、全身刺青だらけです。一瞬ひるみましたが、せっかく来たので「失礼します。お邪魔します」と言って入ろうとすると、その方は「どうぞ、どうぞ」と言いました。見かけとは異なって、物腰の柔らかい感じで、顔つきも実に穏やかでした。しかし、決して油断はできません。

すると、その全身刺青の方は、「熱いかもしれませんよ」と話しかけてくるのです。「ああ、私が地元でないのが分かっているんだ。きっと地元の人だな」と思いました。

私が浴槽に浸かると、その方は脱衣所で丁寧に体をバスタオルで拭いていました。温泉はその方が言うほど熱くはなく、ちょうどいいくらいの温度です。歴史を感じさせる上品な単純泉の源泉かけ流しでした。

私はしばらく浸かっていましたが、その方はなかなか服を着ようとしません。私は浴槽を出たり入ったりしていましたが、その方は10分くらい裸のまま脱衣所でうろうろしていました。季節は春ごろでさほど暑くない日でした。時々ガラス越しに、私を見ています。「なぜ、服を着てすぐに帰らないのだろう」「私に何か用でもあるのかな」など、いろいろ考えました。

全身刺青の人はやっとズボンをはくと、上半身裸のままで突然浴室に入ってきました。私は「おおっ、何をするのか」と恐怖を感じました。すると、その方は「ちょっと、すみません」と言って、手を浴槽につけて「うん、うん」とうなずいてすぐに出ていきました。まったく意味不明の行動でした。その後、その方は服を着て特段あいさつをすることもなく帰っていかれました。

「なかなか服を着ないで暑がっていたのはどうしてだろう」「わざわざ浴槽に手をつけに来た目的は一体なんだったのか」など、いろいろ不思議に思った方でした。

▲第5話▼　奇妙な客引き

私の母から聞いた話です。

父と母は私が生まれる前に、温泉旅行をしたそうです。当時、両親は大阪市に住んでいて、新幹線もない時代ですから、在来線に長い時間揺られてある駅に着きました。夜も更けて駅前は真っ暗、駅には旅館の客引きが何人かいて、騒々しい感じだったそうです。

そのころは電話で旅館を予約することがなかったようで、母は父が旅館の客引きと宿泊代金の交渉をするのを聞いていました。すると、黒のシルクハットをかぶって背広を着た紳士が母の所にすっと近付いてきて、「あの客引きに付いていくと大変なことになる。絶対に付いていっては駄目だ」と言ったそうです。

母がその客引きをよく見ると、体を忙しく動かすのに顔が能面のように白くてまったく変化しません。このため、母はものすごく違和感と恐怖を感じたそうです。

母は父の所に行き、袖を引っ張って「別の旅館にしよう」と強く言いました。すると、その客引きは真っ赤な舌をペロッと出して、こそこそと逃げていきました。

後で父は「客引きに声をかけられた時から話に引き込まれてしまい、物事を冷静に考えられなくなった」と言ったそうです。結局、両親は別の客引きに連れられて、温泉旅館に泊まったとのことでした。

私は昭和35年生まれなので、この話はそれより前の出来事です。父が亡くなってから、母を岡山県の奥津《おくつ》温泉に連れていった時に聞きました。

次の日、津山市の鶴山公園に行くと、母は「昔、ここにお父さんと来たことがある。昨日話した、お父さんと来た温泉だ」と言い出したのです。ＪＲ津山駅の駅舎を見ると、「あの客引きがいた駅だと思う」と言います。

しかし、津山駅から奥津温泉までは車で小一時間かかりますし、当時この駅に温泉旅館の客引きが来ていたとも思えません。そもそも車やバスがあったのかも疑わしいです。

母は昭和7年生まれですが、昔のことははっきり覚えていますので、そんなことがあったのかなと思ったりもします。津山駅を見ながら、昭和30年代前半の客引きがたむろしている情景をイメージしました。

第6話　イタコ

恐山《おそれざん》温泉（青森県）は何度か行ったことがあり、不思議な体験をしたこともありますが、この時は忘れられない体験をしました。

私は恐山温泉に行く前日、下北半島のある温泉地に宿泊しました。翌日早朝、温泉地の共同湯に入ろうとして旅館から歩いていたところ、にこにこ笑ったおばさんに突然話しかけられました。ふっくらとした感じの女性で、手を後ろに組んでいます。どこかで見たような懐かしい感じがしました。

「今日はこれから恐山に行くの？」

「はい」

私は突然声をかけられたので、少し戸惑いながら答えました。

「○○をされようとしているようだけれど、それをするとこれまでのあなたの成功がすべてなくなってしまうよ」

なんの脈絡もなく、唐突にそう言われました。○○のところはあえて申し上げません。

私はいきなり針で心臓を突かれたような気分になりました。人生でこれほどズバッと核心を突いた物言いをされたことは、後にも先にもありません。なぜ、私の迷いや不安がこの方に分かったのか不思議でした。

私はこの女性に心の中を土足で踏み込まれたような、猛烈な不快感を覚えました。通り過ぎる時にその方を見ると、相変わらずにこにこしながらずっと私を見ていました。

「なぜ私の迷いを知っているんだろう」。女性の前を通り過ぎてから次第にその思いが強くなってきました。

10メートルくらい歩いてから振り向くと、その方の姿はもう見えませんでした。

何年かたってからまたその温泉地に行った際、「この辺りだったかな」とは思うのですが、あの時の女性がいた地点がどうもはっきりしません。しかし、その時「もしかするとあの方に助けられたのかな」と胸の中のもやが晴れるような爽快な気分になりました。というのは、その女性の言ったとおりに人生が進んでおり、結果的には迷いを吹っ切ることで良かったのかなと思ったからです。青空が実にきれいだったことを覚えています。

「あの女性はイタコだったのかな」

ふとそんな思いが頭をよぎりました。

実はその女性にずっと亡き祖母の面影を感じていました。

第7話 軽業師

東北のある温泉での出来事です。

最近は撮影禁止のところが増えていますが、まったく人がいなければ気に入った温泉の写真を撮ることが多いです。

脱衣所に入って誰もいないと「独泉」できて、しかも写真も撮れるという幸福感があります。脱衣所に入ったとき靴がないのでラッキーと思い、服を脱いでいると、誰かが入ってきました。

私は自分の方が早く脱いで浴室に入れると思っていたので、「その人が入る前に写真を撮ればいい」と安心していました。

しかし、私が下着を脱いで浴室にいざ入ろうとすると、後から来た人が先に浴室に入ってしまったのです。私はキツネにつままれたような気になりました。いくらなんでもその人が服を脱ぐのが早すぎるのです。

その時、私は子どものころに亡くなった祖父から聞いた軽業師の話を思い出しました。サーカスか手品の類いですが、「この世には常識的に説明できないような早技をできる人間がいる」ということで、祖父もそういった人を見たことがあるとのことでした。サーカスや手品には必ず仕掛けがあるのでですが、中にはそれで説明することができない不思議なものも混じっているという話でした。

結局、私は次に立ち寄りたい温泉があり先に出たので、浴槽の写真を撮ることはできませんでした。

着替え終わって浴室を見ると、その軽業師の姿が見えません。その時は、さほど気になりませんでしたが、後で考えると、温泉は露天風呂がなく内湯だけだったので、「軽業師は一体どこに行ったのだろう」と気味が悪くなりました。

なぜだか、どうもその軽業師の顔や姿かたちが思い出せません。

第8話 山に不釣り合いな若者

東北地方の山の中のある野湯を訪れた際の話です。

全国には何カ所か火山活動で硫黄が噴き出している場所から、パイプで温泉地まで源泉を引いてくるところがあります。たいていそういった野湯は、現地の観光協会や旅館はすすめません。滑落や硫化水素中毒などの危険があるからです。

しかも、こういった所は交通が不便です。かなり山の中にあったり、車を降りてから相当歩いたりしないといけません。この時も私は長時間タクシーに乗って、野湯の登り口まで来ました。あまり運転手さんを待たせてもいけないので、早足で山を登りました。幸い風が強かったので、「おそらく硫化水素中毒は大丈夫だろう」と判断して、小山をいくつか越えて進んでいきました。そして、あそこが野湯だろうという場所に到達したのです。

小山の頂上でした。見渡す限りはげ山で、どこか地獄を連想させる雰囲気です。後は、小山を下りて奥に行くだけと思いました。

その時、急に怖くなりました。まるで『ゲゲゲの鬼太郎』の妖怪アンテナがピンと立ったような感じがしました。私が行こうとしている方向から、真っ白なガスが湧いていたこともあったのかもしれません。私は踵を返してタクシーに戻りました。

帰ろうとした時、偶然1台の乗用車が現れたのです。その車はタクシーの少し先に停まり、一人の男性が降りてきました。男性は一見して違和感がありました。山にも野湯にも縁がなさそうな雰囲気です。こぎれいなしゃれた服装で、30歳前後の若い感じです。

「ここには何かあるんですか？」。その方が尋ねるので、私は野湯があると話しました。奇妙だったのは、その方はさほど驚いたようでも興味を持ったわけでもなく、「そうですか」と言って普通に山の中に入って行ったことです。

タクシーの運転手さんが「硫化水素が出ているし、山が崩れやすいから気をつけてよ」と声をかけたのですが、その方はそれに反応することなく行ってしまいました。私と運転手さんは、ぼうぜんと後ろ姿を見ていました。帰り道、運転手さんと「さっきの人、大丈夫かな」という話をしましたが、その後、事故があったというニュースを聞いていないので、おそらく無事に帰られたのだと思います。

その方は昔でいうところの二枚目で、身なりがきちんとしていて、どこかレトロな感じのする男性でした。

第9話　忘れるな

東北のある温泉地の旅館のお話です。

部屋に入った瞬間、「あれっ」と違和感がありました。木造の建物でそれほど古い感じはしませんが、真っすぐに建てられていないというか、部屋が傾いている感じがするのです。

旅館の方に「ここ傾いてますよね」と言うと、「いえ、そんなことはないと思いますよ。他のお客さんも誰もそんなことを言いません」と少しぶぜんとしていました。

「気のせいかな」と思い温泉に入り、出ようとすると浴室内でシャワーの音がします。「あれ?」と思ってドアを開けると、シャワーが出ていました。「おかしいな。閉めたはずなのに」と思ってシャワーを止めました。

部屋に戻ると、「やっぱり傾いている。間違いない」と確信しました。霊的に怖い感じがしたわけではないので、気持ちの悪いまま一晩過ごしましたが、布団の位置や向きを変えてもどうもしっくりこないのです。しかし、何かえたいの知れないものが出てくるような怖さはありませんでした。

今度は川の音が耳に付くようになりました。普段なら水の音は気にならないのですが、頭の中で次第に音が大きくなり反響してくるのです。「変だな」と思いながらも、そのうち眠ることができました。

朝起きて立ち上がると、部屋は普通でした。昨日の出来事は私の体調のせいだったのか、物理的に本当に傾いていたのか、何か心霊現象のようなものだったのかよく分かりません。川のせせらぎの音もまったく気にならないくらいの大きさでした。

次の温泉に向かう道中いろいろ考えてみましたが、部屋の傾き、止めたはずのシャワーが出ていたこと、川の流れの音に、どれも怖さはありません。

「あっ！　忘れていた」。その時やっと気付いたのです。昨日は亡き祖母の命日でした。私は翌週に、愛媛県の祖父母のお墓参りをしました。

なまめかしい話

第10話　壁の薄い旅館

東北のある温泉旅館のお話です。

やわらかい単純泉の源泉かけ流しの浴槽がいくつかあり、ひなびた良い旅館です。初めて泊まったのは、15年以上前になります。

隣の部屋の声が丸聞こえだったので、「テレビの音がうるさかったら申し訳ないな」と思い、音量を小さくしていました。それから眠りについたのですが、隣から男女の声がほとんどそのまま聞こえてきます。二人ともお若いので、大変お元気でした。

「困った。テレビの音を大きくして、声が聞こえていることに気付いてもらおうか」と思ったのですが、そのうち静かになるだろうとそのままにしておきました。しかし、お二人はなかなか静かにならなくて私も眠れません。

男女の会話も実によく聞こえました。女性は男性のことが好きで好きでたまらない様子でした。

翌朝、私が朝風呂から戻った時、隣のカップルがちょうど部屋から出てきたので、あいさつをしました。20代の感じの良い若者でした。この二人は、自分たちの声を私に聞かれたとは思っていないのかなと不思議に感じました。

この手の壁の薄い旅館は、秘湯にはしばしば見受けられます。

ちなみに、この旅館、その後も何回か泊まっています。毎回というわけではありませんが、同じような経験をしたことがあります。

壁の薄さはある意味、怖いと思います。

第11話　四つの不幸と一つの幸運

鹿児島県のある島の浜辺の温泉は、干潮の時に入れます。混浴ですが、結構若い女性がいます。ただ着替える所がなく、水着の着用も禁止なので、バスタオルを巻きながら苦労して服を脱ぎ着する方が多いです。

こういう温泉に来る人は、皆さん大体「通」ですので、女性が着替えている方向はあえて見ないように静かに入っています。この時は男性が三、四人いました。

その女性は一人で来られて、岩の近くで着替えていました。突然、「キャー」と叫ぶので、全員が反射的に声のした方向を見ました。運悪く、女性のバスタオルがはらりと落ちてしまいました。これがその女性の第一の不幸でした。

女性が叫んだのは、フナムシが出たからだということが後で分かりました。

着替えを終えた女性は、先ほどのポロリがあったせいか少し恥ずかしそうに、バスタオルを巻いてしずしずと岩のくぼみの温泉に入ろうとしていました（バスタオルを巻くのはＯＫです）。

しかし、浴槽の中に藻がたくさん付着していたため、女性は足を取られてツルンと滑ってしまったのです。彼女は再び「キャー」と叫んで浴槽に滑り落ち、仰向けにひっくり返ってしまいました。見えてはいけないものが見えてしまった感じがしました。これが二度目の不幸でした。

さらに、女性は滑ったショックで温泉を飲んでしまったようで、むせていました。これが三度目の不幸でした。

女性がむせていると、またハラリとバスタオルが取れましたが、彼女はしばらくそれに気付いていませんでした。これが四度目の不幸でした。

岩で頭を強打するといったけがをされなかったことが、不幸中の唯一の幸いでした。

20代後半くらいの一見クールで、少しそそっかしい感じのする魅力的な女性でした。

アルカリ性単純泉が岩のくぼみからじかに湧いている良い温泉ですが、その女性はゆっくり楽しめなかったかもしれません。

第12話 大胆な混浴

甲信越のある温泉地の旅館のお話です。

源泉かけ流しで有名な旅館で、日帰り温泉で何度か利用したことがあります。この温泉地の中でも、ここはとろみがある良い泉質です。

混浴の脱衣所に入ると、なんと若い女性が着替えていました。

これまでにも年配の男女がいたことはあるのですが、この時は30代の男性と20代前半の女性でした。混浴に20代前半の女性がいるのは、大変珍しいです。私が脱衣所に入った時、女性は後ろを向いて着替えているところでした。

私がびっくりして、「あっ、入っていいですか?」と尋ねたところ、男性が「どうぞ、どうぞ」と言いました。浴槽には先客が浸かっていましたが、その方も浴室の大きなガラス戸越しにこちらを不思議そうに見ていました。

その後、私と先客の男性とそのカップルが15分くらい浸かっていましたが、どうも女性が目に入ってしまいます。何気なく女性が立ち上がって窓から川を見たりしていますが、女性には恥ずかしいといった感じはまったくありません。他の人の存在はまったく気にしていないようでした。一瞬、「どっきりカメラか何かかな？」と思いましたが、その演出はありませんでした。

男女のカップルは浴槽に浸かったり、浴槽の縁に腰をかけて、たわいのない話をしたりして、大胆な混浴というよりも無邪気な混浴といった感じでした。

私はどこか居心地が悪く、一番に浴槽を出ました。

私が出ようとした時、新たに男性客が脱衣所に入ってきましたが、その人も浴室を見て「あれっ」という表情をしていました。

混浴の温泉にはさまざまな男女がいらっしゃいます。印象深い思い出が多いです。

混浴は、平和な日本を象徴する文化です。

第13話 貸し切り温泉での秘密

西日本のある温泉での体験です。

30分ごとに貸し切って温泉に入る施設があります。ここは大変人気で、繁忙期だと2～3時間待ちはザラという感じです。

ある時、その温泉の前で順番を待っていたことがありました。私の前に並んでいたのは、大学生くらいのカップルで「えー、こんな若い人も混浴するんだ」と思ったものです。しかし、二人とも自分達の順番が近づくにつれて、だんだん無口になっていきます。二人の緊張感が伝わってくるような感じがしました。特に女性はうつむいて、心なしか震えているようでした。

「ははぁ。なるほど。この二人はおそらく付き合って間なしで、一緒に風呂に入ったことはないのかな」と思ったりしました。

すると、前の方が出てきたので、いよいよカップルの順番になりました。

「さあ、行こう」と言って、男性は女性を優しくエスコートしていました。少し頼りなさそうな若者でしたが、いざというときは頑張ったのですね。

そのカップルは温泉に入って30分後に出てきました。時間を目いっぱい使われていました。二人とも顔が紅潮していました。ひと仕事終わったような達成感が表情に出ていました。お二人は私に軽く会釈をして帰っていかれました。私は明らかに二人の距離が近くなっているのに気付きました。大変初々しかったです。

もう30年も前の話ですが、あのお二人は今頃ご夫婦になって、子育ても一段落して、一緒にどこかの温泉を旅しているのかもしれません。

怖い話

第14話 真っ暗な停留所

東北のある温泉のお話です。

高温の源泉を冷却する仕掛けがある、源泉かけ流しの良い泉質でした。

バスの本数が少ない中、宿泊先までバスを乗り継いで移動する時に「あれっ」と思いました。秋で日が短くなっていたため、日帰り温泉の旅館を出た午後6時過ぎは、すでに真っ暗だったのです。山の中なので、なおさら真っ暗です。そんな中、坂を下りてバス停まで２００メートルくらい歩いたでしょうか。

停留所は道に面していて、バス停の古ぼけた看板があるだけでした。周りは漆黒の闇で、人家や街灯などはありません。「先ほどの旅館に戻って、無理を言って泊めてもらおうか」「お金がかかってもいいから町からタクシーを呼ぼうか」など、いろいろ悩みました。

余裕を持ってバス停に来たので、予定時刻まで10分ほどありました。その待つ時間がすごく怖くて長かったです。しーんとした真っ暗な闇の中に、どこか霊的なものを感じるのです。般若心経から不動明王真言まで、ありとあらゆるお経を唱えながらバスを待っていると、バスの来る反対方向から一台の乗用車が来て、私の近くで大きくハンドルを切り、迂回《うかい》して通り過ぎていきました。

それはそうですよね。運転している方からすると、こんな山の中の真っ暗な道路でおっさんが一人、ぼーっと立っているのですから。きっと幽霊か何かに見えたのだと思います。もし私が携帯電話の操作中で、画面の明かりが下から顔を照らしていたら、運転手さんはびっくりしてガードレールを突っ切り、川に落ちていたかもしれません。

そうこうしているうちに、バスのライトが見えました。バスが来て、これほどうれしかったことはありません。反対側に車がいないことを確認して、車道の中央に出て運転手さんに両手を振りました。真っ暗な道路の真ん中で、おっさんが手を振っているので、運転手さんはさぞかし驚かれたと思います。

バスの乗客は当然、私一人でした。運転手さんいわく、「この時間に人が乗ることはめったにねぇな。あんた、よくクマに襲われなかったね」。

この辺りはよくクマが出没するそうです。

▲第15話▼ 洞窟温泉の人の顔

ある時、東日本にある温泉旅館を訪れました。

単純泉の良い泉質の源泉かけ流しです。

夜、洞窟温泉に一人で入っていて「何か息苦しいな」と思った瞬間、すごく圧力がかかったように体が重くなりました。「酸欠かもしれない」と感じ、急いで出ようとしましたが、脳に酸素が不足していたのか出口が分からなくなってしまって、怖い思いをしたことがあります。

朝もう一度、その温泉に入りましたが、さほど薄気味悪い感じはしませんでした。ただ岩をじっと見ていると、明らかに人の顔に見える所があります。しかも、何カ所もさまざまな人の顔に見えるのです。どれもすごく悲しそうな表情で、これが昨夜の出来事の原因かなと思いました。

えたいの知れない圧力で怖い思いをしている時に、この人面岩に気付いていたらと思うとぞっとしました。

温泉に蓄えられた洞窟や岩、石には、何かが宿るのかもしれないと少し思いました。

時々、昼と夜とでガラッと雰囲気が変わり、怖く感じられる温泉があります。

九州の温泉に、亡き父を連れていったことがあります。私が夜遅く温泉に行こうとすると、父は

「こんな時間に行くの？　夜の温泉は怖いからやめた方がいいよ」とさりげなく言いました。あまり「怖い」と言うことのない人なので、違和感があり、妙に記憶に残っています。それ以来、私は夜遅くは温泉に行かないようになりました。

第16話　廃墟のホテル

東日本の有名な温泉地での出来事です。

あえてエリア名は伏せます。まず私は、廃墟マニアでも心霊スポットマニアでもありません。ある温泉に入って帰ろうとした時、どういうわけか倒産したホテルが気になり、引き寄せられるように近づきました。

不思議なことに、玄関に鍵は掛かっていません。建物の中は片付けられていますが、壁や床はかなり傷んでいました。

ふと赤いじゅうたんが敷かれた階段が目につき、やけに気になりました。2階に上がってみたい気持ちになりましたが、一方で「やばい」という直感が働き、踏みとどまりました。もしかすると、何か強い力に引き寄せられたのかもしれません。

玄関に鍵が掛かっていなかったことも不思議です。不審者や子どもが侵入して、事故に遭ったり火事を起こしたりしたらどうするのでしょう。

行きたいと思っていない廃墟のホテルになぜ吸い寄せられるように入ってしまったのか、いまだに分かりません。当然管理者がいるはずですから、住居侵入罪になり得る行為です。

さらには、あのまま階段を上っていたらと思うとぞっとしますし、ホテルから離れる時も足がなかなか前に進まない感じがしました。

廃墟には、間違っても近寄ってはいけないなとつくづく思いました。

第17話　泳いではいけない川

中国地方のある温泉旅館のお話です。

夏の暑い日のこと、すごく透き通った川がありました。私は清流が好きなので、ちょっと行ってみようと道を下りて近づきました。

今から考えると少し不思議ですが、旅館の方にどこに行くのか聞かれて、私は「川に行ってみようと思います」と答えたのでした。バスタオルを肩にかけていたからかもしれませんが、旅館の方は

「川では絶対泳いではいけませんよ」と言ったのです。口調に少し怒ったような厳しい感じがありました。

川のほとりに立つと、水が冷たそうで小魚も見えて、浸かると気持ち良さそうに思えたのでした。

しかし、その時、頭の中に亡き祖母のイメージが浮かんだのです。「川はいろいろなものが流れてくるし、悪いものがたまっていることがあるから怖い」。そう言っていたことを思い出したのです。

すると、急に目の前の川が、どこか怖くて汚らわしいように思えました。清流のままですが、光り輝くような感じや生命の躍動感がなくなったようでした。急に、物を見る目が変わったような不思議な気がして、どういうわけか夏なのに暑さをまったく感じませんでした。

踵を返して、川を振り返ることなく旅館に向かったことをはっきり覚えています。

旅館に着くと、さっき声をかけてくれた人の表情は打って変わって穏やかでした。「お帰りなさい」と言われただけで、川で泳いだかどうかは聞かれませんでした。

この旅館は一度しか行ったことがありません。後で外観や温泉を見ても、どうもここにいた実感が湧かない旅館です。

第18話 豹変《ひょうへん》したタクシー運転手

九州のある野湯を訪れた時のことです。

人工的に管理されていない、自然の中に源泉の湧く野湯が、全国にはいくつかあります。九州のあるエリアには、比較的たくさんあります。

最寄り駅からタクシーに乗った私は、ある川沿いの野湯を目指していました。大体の地点が分かっていたので、タクシーを停めてもらいました。

しかし、うっそうとした林で少し気味が悪かったので、運転手さんに付いてきてもらいました。実直でおとなしそうな感じの良い方で、「こんな所に温泉があるの?」と親切に一緒に来てくれました。

源泉がゴボゴボと噴き出している場所に到着すると、運転手さんは突然、妙に興奮しだしたのです。

「こんな所に噴き出しているんだー」と、人が変わったように陽気に言います。

運転手さんは温泉の噴き出し口を指差し、興奮して「○○○○(放送禁止用語)みたいやなぁ」と訳の分からないことを言い出しました。先ほどまでの物静かな印象とは、表情も口調もまったく異なります。何かえたいの知れないものに取りつかれたような感じで、おかしな様子でした。私は気味が悪くなり、早々にこの野湯を立ち去ることにしました。

世の中にはいくつか怖いことがありますが、突然豹変する人は怖いです。

第19話 棒が真っ二つ

九州のある野湯のお話です。

今から考えると、昼食のそば屋に入った時から異変が始まっていたように思います。店員さんに行き先を聞かれて、温泉の名前を言ったところ、何かスイッチが入ったような感じになったのです。その人は、「自分に送らせてほしい」としつこく言い始めました。

私は店員さんがお店を抜けたら困るだろうと思い、あまり取り合わなかったのですが、店を出る時に店員さんは玄関でずっと私を見ていました。その時は、「変わった店員さんがいるな」くらいの感じでした。

タクシーが来たので、運転手さんに地図を見せて、その温泉に行くように頼んだところ、「それはここだ」と言い張って違う所にしか私を連れていきません。私は仕方なく、近くの別の温泉に連れていってもらいました。

次に呼んだタクシーの運転手さんは、「そこは道がないので行けない」と言い張るので、またもや仕方なく別の温泉に行ってもらいました。

三台目のタクシーは、少しひ弱な感じの運転手さんだったので、私は大きめの声で「地図のとおりに行ってくれ」と強く言いました。すると、渋々向かってくれました。

インターネットで調べていた情報どおり、温泉への入り口が目に入り、ついに到着した実感がありました。一時間後に迎えにきてくれるようお願いして、山奥に歩みを進めたのですが、突然、硫化水素で何人か亡くなったことを思い出して、ものすごく怖くなりました。

少しずつ日も落ちてきていました。歩いている途中、どうにも怖くなって木の棒を取ったのですが、ある曲がり角でなんともいえない感じがしたので、棒をおはらいのつもりで振ったところ、しっかりした棒が真ん中できれいに真っ二つに折れてしまいました。恐怖が最高潮に達して、しばらく動けませんでした。

その後、気を取り直して進み、目的の温泉に入ることはできました。川の上流に湧出した源泉が、川の水と混ざった川の中の温泉です。けれども、硫化水素の白い煙のようなガスが、まるで意思を持って蛇行するかのように私の方に近づいてくるのにはびびりました。

硫化水素中毒で死亡する旅行者が後を絶たないので、乗客を連れていってはいけないと警察からタクシー会社にお達しが出ていることを後日、知りました。

その夜は体が重く、一睡もできませんでした。次の日も体に何かが乗っているかのように重かったのですが、ある駅で電車に乗った途端、体が軽くなりました。不思議な経験です。

第20話 暗くて怖い駅

東北のある温泉に行った時のことです。

駅からタクシーに乗ってある共同湯に行き、さらに別の温泉に連れていってもらいました。この温泉地は、以前よりも旅館が減って少し寂しくなりましたが、源泉かけ流しのやわらかい泉質は相変わらずのレベルの高さです。

近くの駅まで送ってもらった時には、外は真っ暗になっていて不安になりました。

私が「ここは少し怖い所ですね」と冗談で言うと、タクシーの運転手さんは「うん、怖いよ」と普通に答えるではありませんか。その時、私はどこか違和感を覚えました。運転手さんが真面目に答えたように思ったからです。

プラットホームへはトンネルを通るのですが、どちらも真っ暗な中に薄暗い電灯でボーッと照らされた不思議な空間の無人駅でした。最終列車を待っていた15分が、ものすごく長く感じられました。

雨が激しく降っていて、「ここで何か出たら怖いな」「車が通る道路に出るには相当距離があったな」と思いながら、じっと待っていた時、ふと後ろに気配を感じました。やばいと思って、決して振り向かないようにして列車を待っていました。

しかし、時間になっても列車は来ません。もしかすると雨で遅れているのだろうか、時刻表が変わってしまったのではないか。キャリーバッグを抱えて車が通る道までダッシュするとどれくらいかかるだろう、タクシーを呼ぼうか、でもそうすると最終の列車に乗れない、などいろいろと考えていたら、5分くらい遅れてやっと列車が来ました。一両の列車が、揺れながらごとごとプラットホームに入ってきました。列車の電気も薄暗い感じがしました。

列車に向かって思わず手を振りました。一両しかない車両に二、三人乗っていましたが、皆さん不思議そうに私を見ていました。

「よく、こんな薄暗くて怖い駅から乗りましたね」という乗客の独り言が聞こえたような気がしました。

第21話 生気を感じる

秘湯に行くと、動物の剥製が置かれていることがありますが、私はあまり好きになれません。死んだ後もその姿をさらされ続ける動物が、かわいそうに思えるからです。

夜、玄関の電気が消えてから温泉に行くために動物の剥製の近くを通った時、気配を感じて気味の悪い思いをしたことがあります。

同じように、日本人形が怖いことがあります。廊下を歩いていて何かを感じ、目を向けると日本人形があったことがあります。

一度、お面を飾っている旅館がありました。そのお面は不思議な顔をしていて、どこか生気を感じます。昼間でしたが、作り物というよりも生きている人間のような生々しい感じがして、目が吸い寄せられました。気配がするどころではなく、すぐに目をそらせて早々に立ち去りました。

幸いなことに、温泉に行くための階段がもう一つあったので、夜にそのお面の近くを通ることはありませんでしたが、夢見が非常に悪かったです。知らない人の顔が、次から次へと出てくるやけにリアルで怖い夢でした。

温泉地では、かかしやオブジェなどさまざまなものがあります。大部分はほほ笑ましいですが、たまに気味の悪いものもあります。それらにはどこか生気が宿っているように感じられる共通点があります。

第22話 奇妙な町営バスと乗客

秘湯へ行くために、町営バスや村営バスを利用することがあります。ある時、バンを少し大きくしたような古い町営バスに乗りました。1日に数本運行していて、観光というよりは地域の人向けです。夕方頃、ある停留所から最終便に乗車して駅へ行こうとしました。運転手さんは無愛想で、乗客は私一人です。

しばらく走ると、バスはスピードを落としました。道路の反対側に、ひょろっとした、いかにも旅人といった感じの青年が立っています。リュックサックを背負っていたので「地元の人ではないな」と思いました。

運転手さんが青年に乗車するかを尋ねると、彼は迷うことなく乗り込んで私の後ろに座りました。特にあいさつもなく、すっと入ってきました。

バスが終点に着いたので、私は降りました。すると、不思議なことが起きました。バスは青年を降ろさないまま、動き出したのです。

「えっ、彼はどこに行くの?」。私はぼうぜんと古ぼけたバスを見ていました。

その時は、さほど不思議とも思わなかったのですが、宿泊先で寝ようとした時に「あの青年は一体何者だろう。なぜ運転手さんはバスを止めてやったのだろう。もしバスを止めていなかったらどうなっていたのだろう。駅からバスが動き出した後、彼はどこに行ったのだろう……」。いろいろな疑問が浮かんで、すごく怖くなりました。

第23話 島の般若

ある孤島の温泉でのお話です。

この島には複数の温泉があります。私は車を運転しないので、こういった島では原付きバイクをレンタルして温泉を巡ります。

この時は、どこか胸騒ぎがしていました。ちょくちょくこういったことがあるのですが、どういうわけか90歳になる母親がしつこいくらい私の身を案じていたので、私は絶対に事故を起こさないように前をよく見て安全運転をしていました。

温泉を2カ所巡って民宿に戻る計画でしたが、だんだんと雲行きが怪しくなってきました。しかも、その季節にしては異常な寒さです。早く宿に帰ろうとついスピードを出してしまいましたが、絶対に事故は起こせません。時々野生のシカが道を横切る中、速度を上げて、くねった山道をバイクで走っていました。運の悪いことに小雨が降ってきました。

するとほんの一瞬、右手の海岸の景色が気になったのです。すごくきれいな風景に、目を奪われました。一瞬の脇見運転。魔が差したとしか言いようがありません。上り坂ですが、時速40キロ近くは出ていました。

その時ひらめきました。「これは危ない。何かに誘われている」。私が前を向いた時、対向車がすぐ目の前に見えました。「死ぬで」と本気で思い、力いっぱい左にハンドルを切ったところ、ギリギリで対向車との正面衝突を避けることができました。この日は対向車どころか、一台も車に出くわしていませんでした。

一瞬、運転手の顔が見えたのですが、まるで般若のような顔で笑っていたように思いました。

その後、気を取り直して民宿に帰りましたが、どうも現実の出来事のような気がしませんでした。

今考えてもぞっとします。

困った話

第24話　虫刺され

九州のトカラ列島にある島の温泉です。

トカラ列島や伊豆七島などの孤島には、かなりの確率で温泉があります。しかも泉質が濃厚で個性的です。

そういった温泉では、「ハブが出るから気をつけて」とか、「海へビに注意して」といったことを民宿の方に言われます。また、野生のウシやヤギがいたり、民宿でヤギを飼っていたりと、非日常的でユニークな場所が多いです。

中でも印象に残っているのが、トカラ列島某島の温泉です。スコップを借りて海岸まで下りていき、穴を掘ると温泉が出ます。ある程度掘ったところで腰まで温泉に入ると、大変なことになりました。

穴を掘っている時に蚊のような小さい虫が飛び回っていることは分かっていたのですが、民宿に帰ってから脚などに無数の虫刺されを見つけたのです。蚊と違って、刺された痕の一つ一つが火山のように盛り上がり、熱を持った状態になりました。さらに、その晩から39度の熱が出ました。
鹿児島港に向かう船はあさってですし、到着まで8時間かかります。島には病院がないので、ものすごく不安になりました。

翌日、島の方が鹿児島市内の病院へ電話をかけて私の症状を説明し、薬を処方してもらうことができました。塗り薬と内服薬を服用できたおかげで、苦しみながらもなんとか岡山まで帰ってこられました。

帰宅時に刺された箇所の熱は引いていましたが、ブツブツはそのまま残っています。皮膚科のお医者さんが珍しがって、写真を撮ったり他の医者を呼んできたりして、大変な騒ぎでした。看護師さんに抗生剤を丁寧に塗ってもらい、結局、1週間くらいかかってやっと治りました。

現地で「ガジャブ」と呼ばれる、強烈な毒を持つ小さなブヨ（ブト）の一種だったようです。野生のウシやヤギを刺す虫で、強力といえば強力なのかもしれません。軽くたたくとすぐにつぶれてしまいそうですが、そのか弱さがかえって怖いと思いました。本州にこういう虫がいたら、大変です。

第25話　ひやひやものの個人情報

九州のトカラ列島への道中の出来事です。

鹿児島港から深夜に出発するフェリーの船内は、すでに出来上がった人ばかりでした。皆さん市内で相当飲んだようで、知らない人同士が盛り上がっています。私も、一人旅の三十代後半とおぼしき女性と秘湯巡りの話ですっかり意気投合しました。

ちなみに私は温泉で、よく人と親しくなります。私の温泉の話が面白いようで、すぐに打ち解けるのです。

何人かのグループでしばらくワイワイやっていたのですが、私は数時間後に悪石島《あくせきじま》で下船して海中温泉に入る予定なので、体力を温存するために途中で退散しました（海の中の温泉は深くて危険なのです）。

その後、近くのベッドに来た男性が「あの女性があなたを探していたよ」と言いましたが、ひどく疲れていたので、そのまま寝てしまいました。

女性は私の目的地より前に下船したようで、悪石島ではお目にかかりませんでした。

旅行を終えてしばらくすると、トカラ列島の帰りに泊まった鹿児島県の温泉旅館から気合の入ったラブレターが届きました。５センチくらいはあったでしょうか。その女性がトカラ列島の秘湯で写した写真と、丁寧な解説が付いていました。

私は酔っぱらった勢いで、名字と鹿児島県で宿泊する旅館をついしゃべっていたのです。旅館の人が、女性から届いた手紙を私に転送してくれたという次第です。私の個人情報を旅館の人がきちんと管理してくれて良かったと感じました。

その後、女性からの連絡はありませんが、おそらく今も全国の秘湯を巡っているだろうと思います。

第26話 清潔すぎる温泉

九州の秘湯のお話です。

冷泉を加温している地域の共同湯は、近くの雑貨屋さんで受付をします。「せっけんはお持ちですか」と尋ねるので、「いいえ。持っていません」と答えると、大変驚いた表情をされました。ここは、温泉に入る前に全身をせっけんで洗う決まりなのだそうです。

それで思い出しました。地元の方が温泉の泉質を重視していて、体をせっけんで洗わずに入ろうとした外部の人とトラブルになった話を聞いたことがあったのです。

雑貨屋さんでせっけんを借りて、浴室に入りました。浴槽が二つだけのシンプルな造りで、地元の方が三、四人いました。シャワーがないので、カランから湯を出して、これ見よがしにせっけんを泡だてて、きれいに念入りに全身を洗いました。そして、「どうだ」とばかりに浴槽に入ったのです。すると、「そこに入っちゃいかん」と頑固そうな老人に大声で叱られました。私は意味が分からず一瞬、硬直しましたが「初めは温泉の出ていない方に入るんだな」とひらめきました。

私の地元の岡山県の湯原温泉には「砂湯」という西日本屈指の露天風呂があり、お湯が出る湯尻に入ってからお湯が入ってくる湯口に近づくというルールがあります。それを思い出したのです。そこで、源泉が出て行く浴槽に入ると、何も言われませんでした。地元の方に溶け込んだような気分でした。

ここはつるつる感のある泉質ですが、泉質的には中レベルのまああといった程度の源泉かけ流しでした。

第27話　パンツの間違い

九州の温泉地にある、ナトリウム‐塩化物泉の源泉かけ流しでのこと。眺めの良い露天風呂を堪能して、さあ次の温泉に行こうと服を着ようとした時、私のかごから私のパンツを出してはこうとしているおじいさんに鉢合わせました。

おじいさんはどうも違う感触があったのか、「あれ？」という感じでしたが、はき終えてしまいました。

私が「あのなあ、これ私の下着やで」と少し怒った口調で言うと、おじいさんはおろおろしていました。

「すみません。お父さん、間違ったら駄目だ。すぐに脱いで」と息子さんらしき人が私に謝りましたが、私はおじいさんがいったんはいたパンツをどうしてもはく気になれませんでした。認知症なのかもしれないと思い、それ以上は追及しませんでした。私はパンツをごみ入れに捨てて、その日は下着なしで過ごしました。

逆に、北関東の温泉で私がかごを間違えてしまったこともあります。宿泊先の温泉でかごの中のパンツを取り出すと、なんと大便がべったり付いていました。汚い話で申し訳ありません。

パンツが似ていたので、私は「あれ？　俺漏らしてしまったのか」と思いました。まったく身に覚えがないので不思議でした。浴衣も同じで、てっきり自分のかごと思いましたが、私の物でないバッグが出てきたので、急いで自分のかごを探しました。

しばらくして、そのかごのもとへおじさんがやってきました。「この人は、さっき同じ浴槽に入っていたな。ちゃんと洗って入ったんだろうか」。

またもやパニックになりました。そのおじさんには、せっけんできれいに洗ってから浴槽に入ったような印象がなかったからです。

私はもう一度浴室に入りました。せっけんで全身をきれいに洗い、シャワーで流してから温泉に入らずに部屋に戻りました。

第28話 「こりゃ駄目だ」という旅館前の小料理屋

別府温泉でよく泊まる温泉旅館での出来事でした。

夜、小腹がすいた私は、窓の外に小料理屋のような店があるのを見て、つい入ってしまいました。普段、旅館で夕食を食べた後は立ち寄り湯に行くことはあっても、お酒を飲みに出ることはほとんどありません。

店に入った瞬間、新聞が壁際に何カ所か高く積まれていることに気付いて、嫌な予感がしましたが、すぐに出るわけにもいかないのでビールを注文しました。おすすめを尋ねると「なんでもできますよ」と言うので、「うまい刺身はありますか？」と聞いたのですが、「焼肉はどうですか？」という返事です。

おばさんが一人で切り盛りしていて、五、六人くらいが座れるカウンターがありました。私が焼き肉を注文すると、中国製の電熱器が置かれて、スーパーで買ったと思われるパックを開けて肉を無造作に皿に盛り、「はい、どうぞ」という感じでよこしました。

私は目が点になりました。「どっきりカメラかな？」と思って周りを見渡しましたが、それらしき物はありません。

「ここまできたら食べよう」と、肉を焼こうとしたら、網の目が大きすぎて肉が下に落ちてしまいます。ドリフターズのコントのようでした。

「こりゃ駄目だ」と思い、つきだしの貝の煮物を食べようとすると、ぷーんと悪臭が漂いました。

「食べてはいけない」と本能が命じたので、私は箸を置きました。

冷酒があるか聞くと、「岡山のがあるよ」と言います。銘柄もよく知っているお酒なので、「よかったわ。私は岡山から来たんです」と言うと、店主は「しまった！」という表情に変わり、「やっぱりこれはやめとこう」と言って、新潟の酒を出してきました。私はそこそこ利き酒ができるので、その酒も明らかに本物ではないことがすぐに分かりました。

このころになると、だんだん怒りを通り越してばかばかしくなり、面白くなってきました。

そのうち、店主はどういうわけか、おにぎりを握り始めました。嫌な予感がしたので「食事はしたからいらないよ」と言うのに、いつの間にか大きなおにぎりが二つ完成してしまいました。おそらく、晩の残りのごはんだと思います。

あほらしくなって、おにぎりには箸をつけず勘定をお願いすると、５千円でした。「ふざけるな、ボケー」と言いかけましたが、「いや、待てよ。これほど面白い体験をすることもないな。そう考えるとまあいいか」と考え直して、お金を置いて帰りました。

次の日、旅館のご主人に駅まで車で送ってもらう時に、この話をすると大うけで、「よくあんな所に行かれましたね。あの人は地元で有名です。おなか壊しませんでしたか?」と言います。「それやったら、先に注意しとけよ」と言いかけましたが、ばかばかしくなってやめました。

1年ほど後に旅館を訪れると、その小料理屋は跡形もなく消えていました。

第29話　微妙なお琴の生演奏

東北の温泉地の旅館のお話です。

コンパクトながらこぎれいで、管理のしっかりした感じがする旅館でした。ここの源泉はかなり熱く、宿によっては温泉が熱すぎてじっくり入れないところもあるのですが、この旅館は水を入れることができたので長湯を楽しめました。

食事は個室で、料理も手作りが多くおいしいので、満足しながらいただいていました。するると、若女将さんが琴を持って現れました。着物ではなく、洋服を着ています。

「一曲、演奏させていただきます」と『さくら』を奏で始めたので、私は大いに期待しました。しかし、初めの「さくらー」の最後、いきなり音が「ビヨーン」と外れてしまいました。「これは、何か余興かな」と思っていたら、その後もところどころ音が外れていました。

「あれ？」と思っていると、なんとその一曲で終わってしまいました。おそらく2分もたっていないと思います。若女将さんは「お粗末さまでした」とおっしゃっていましたが、苦笑いするしかありません。

その後、音楽や温泉の話をして、お琴のキャリアを尋ねると「1カ月くらい」というお答え。私は思わずずっこけそうになりましたが、気配りの行き届いて好感の持てる旅館であることは間違いありませんでした。

おまけの話

第30話 純粋な子どもたちのいる民宿

鹿児島県の、人口200人弱のある島で、民宿に泊まりました。島にはいくつかワイルドな温泉があり、それぞれに泉質が違って、どれも素晴らしいです。

夕食時、民宿に三、四人の小学生とおぼしき子どもが集まってきて、どういうわけか一緒に食べることになり、食後はみんなでトランプをして盛り上がりました。

どの子も天真らんまんというか純朴です。小学校高学年の女の子が無邪気に懐いてくれるので、不思議な感じがしました。翌日、民宿の方に船着き場へ送ってもらう時、「子どもたちは高校はどうするんですか」と尋ねると、「ここに高校はないから、みんな鹿児島の高校に行くんだ」という答えが返ってきました。

少し悲しい話も聞きました。「島の子どもたちは、人が人をだますとか、うそをつくということをまったく知らないから、高校に行ってから大変苦労する」「女の子は悪い男にだまされやすい」。

昨日の子どもたちの立ち居振る舞いを思い出して「そりゃ、そうだろうな」としみじみ思いました。この話は後日談があります。

二十数年してから島の民宿を再訪しました。ご主人は亡くなって、奥さんが一人で切り盛りされていました。港まで感じの良い30歳くらいの女性が、車で迎えにきてくれました。普段は近くのもう少し大きな島に住んでいて、たまに手伝いにくるそうです。

女性に「二十数年前、ここに来た時に子どもたちと一緒にご飯を食べてトランプをしたことがある」と言うと、「それは私と私の親戚だと思います」と答えます。当時、女性の両親は共働きで忙しかったので、祖父母の民宿でご飯を食べていたのだそうです。

私は家に帰って当時の写真を見てみました。確かに、小学生の子どもの無邪気な顔があり、その女性とおぼしき子も写っていました。

温泉インデックス&
ジャンル別温泉リスト

満足できる宿泊200選

No.	都道府県	温泉	施設	ページ
1	北海道		ホテル利尻	30
2		斜里温泉	ホテルグリーン温泉	31
3		滝の湯温泉	癒恵の宿一羽のすずめ	32
4		北見温泉ポンユ	三光荘	33
5		屈斜路湖畔温泉郷	三香温泉	34
6		別海温泉	べっかい郊楽苑	34
7		白金温泉	温泉ゲストハウス 美瑛白金の湯	35
8		トムラウシ温泉	東大雪荘	36
9		十勝川温泉	丸美ヶ丘温泉ホテル	37
10		ニセコ昆布温泉郷	ニセコグランドホテル	38
11			千走川温泉旅館	39
12			モッタ海岸温泉旅館	39
13		長万部温泉	長万部温泉ホテル	40
14		恵山温泉	恵山温泉旅館	40
15		八雲温泉	おぼこ荘	41
16		貝取澗温泉	あわび山荘	42
17	青森県	下風呂温泉郷	まるほん旅館	43
18		相乗温泉	羽州路の宿 あいのり	43
19		湯段温泉	時雨庵	44
20		桜温泉	ニュー桜旅館	45
21			民宿梅沢温泉	46
22		嶽温泉	赤格子館	46
23	岩手県	松川温泉	松楓荘	47
24		藤七温泉	彩雲荘	48
25		大沢温泉	湯治屋	49
26		湯川温泉	鳳鳴館	50
27		巣郷温泉	高原旅館大扇	51
28		夏油高原温泉郷	美人の湯 瀬美温泉	51
29		夏油温泉	夏油温泉観光ホテル	52
30		台温泉	水上旅館	53
31		金田一温泉	仙養舘	54
32		網張温泉	休暇村岩手網張温泉	55

No.	都道府県	温泉	施設	ページ
67		赤湯温泉	好山荘	85
68		新野地温泉	相模屋旅館	86
69		幕川温泉	水戸屋旅館	87
70		高湯温泉	安達屋	88
71		湯野上温泉	一宿一飯のOnsenハウス しみずや	89
72		会津東山温泉	渓流の宿 東山ハイマートホテル	89
73		桧原温泉	温泉民宿たばこ屋	90
74		会津中ノ沢温泉	いろり湯の宿 大阪屋	90
75		いわき湯本温泉	心やわらぐ宿 岩惣	91
76	茨城県	横川温泉	湯元巴屋旅館	92
77	栃木県		赤滝鉱泉	92
78		塩原温泉	秘湯の宿 元泉館	93
79		那須湯本温泉	雲海閣	94
80		奥鬼怒温泉郷	日光澤温泉	95
81		湯西川温泉	金井旅館	96
82	群馬県	草津温泉	元湯 泉水館	97
83		草津温泉	月洲屋	97
84		万座温泉	湯の花旅館	98
85		磯部温泉	小島屋旅館	99
86		幡谷温泉	ささの湯	100
87		湯宿温泉	湯本館	101
88	東京都	蒲田温泉	SPA&HOTEL 和	101
89	神奈川県	芦之湯温泉	きのくにや旅館	102
90	新潟県	栃尾又温泉	宝巌堂	103
91		三川温泉	湯元館	104
92		月岡温泉	ゲストハウスたいよう	105
93		瀬波温泉	大和屋旅館	105
94		佐渡八幡温泉	八幡館	106
95		松之山温泉	白川屋旅館	106
96		折立温泉	やまきや旅館	107
97		大沢山温泉	幽谷荘	107
98		笹倉温泉	龍雲荘	108
99		関温泉	中村屋旅館	109
100		蓮華温泉	白馬岳蓮華温泉ロッジ	110

No.	都道府県	温泉	施設	ページ
101	富山県		名剣温泉	111
102			祖母谷温泉	112
103			たから温泉	113
104			みくりが池温泉	113
105		氷見温泉郷	くつろぎの宿 うみあかり	114
106	石川県	千里浜なぎさ温泉	里湯ちりはま	115
107		湯涌板ヶ谷温泉	銭がめ	116
108		中宮温泉	にしやま旅館	117
109	山梨県	川浦温泉	山県館	118
110		湯村温泉郷	杖温泉 弘法湯	119
111			ホテル昭和	120
112		西山温泉	蓬莱館	120
113		下部温泉	湯元ホテル	121
114			奥山温泉	121
115	長野県	野沢温泉	清風館	122
116		渋温泉	かめや旅館	123
117		安代温泉	温泉旅館 安代館	124
118		湯田中温泉	まるか旅館	124
119		浅間温泉	尾上の湯旅館	125
120		八ヶ岳縄文天然温泉	尖石の湯	125
121		鹿教湯温泉	ふぢや旅館	126
122		葛温泉	髙瀬舘	127
123		大塩温泉	湯元旭館	127
124		熊の湯温泉	熊の湯ホテル	128
125		奥山田温泉	レッドウッドイン	128
126		白骨温泉	湯元齋藤別館	129
127		乗鞍高原温泉	温泉宿 山栄荘	129
128		上高地温泉	上高地温泉ホテル	130
129		湯俣温泉	晴嵐荘	131
130		小谷温泉	雨飾荘	132
131		姫川温泉	ホテル白馬荘	133
132		毒沢鉱泉	旅館　宮乃湯	134
133		釜沼温泉	大喜泉	134
134		天狗温泉	浅間山荘	135

No.	都道府県	温泉	施設	ページ
135		鹿塩温泉	湯元 山塩館	135
136	岐阜県	湯屋温泉	炭酸泉 奥田屋	136
137		下呂温泉	菊半旅館	136
138		奥飛騨温泉郷新穂高温泉	深山荘	137
139	静岡県	大滝温泉	天城荘	138
140		伊豆畑毛温泉	誠山	139
141		伊豆・熱川温泉	たかみホテル	139
142		河津峰温泉	花舞竹の庄	140
143	愛知県	内海温泉	THE BEACH KUROTAKE	141
144	三重県	榊原温泉	湯元 榊原舘	142
145		湯の山温泉	グリーンホテル	143
146	滋賀県	宝船温泉	湯元ことぶき	144
147	京都府	久美浜温泉	湯元館	144
148	兵庫県	湯村温泉	とみや	145
149	奈良県	十津川温泉	行者民宿 太陽の湯	145
150		入之波温泉湯元	山鳩湯	146
151	和歌山県	湯川温泉	さごんの湯（ホテルブルーハーバー）	147
152		湯の峰温泉	伊せや	148
153	鳥取県	三朝温泉	桶屋旅館	149
154		皆生温泉	旅館三井	149
155		鳥取温泉	白兎会館	150
156	島根県	美又温泉	とらや旅館	151
157		三瓶温泉	国民宿舎さんべ荘	152
158		さぎの湯温泉	安来苑	152
159	山口県	長門湯本温泉	原田屋旅館	153
160	徳島県	祖谷温泉	和の宿 ホテル祖谷温泉	153
161	愛媛県	道後温泉	旅館常磐荘	154
162		権現温泉	権現山荘	154
163		鈍川温泉	鈍川温泉ホテル	155
164		鷹ノ子温泉	たかのこの湯	156
165	高知県		山里温泉旅館	156
166	福岡県	筑後川温泉	ホテル花景色	157
167	佐賀県	古湯温泉	源泉かけ流しの湯 旅人宿 東京家	158
168		嬉野温泉	山水グローバルイン	158

No.	都道府県	温泉	施設	ページ
169	長崎県	湯の本温泉	旅館長山	159
170		島原温泉	HOTEL シーサイド島原	159
171		小浜温泉	春陽館	160
172	熊本県	山鹿温泉	新青山荘	161
173		はげの湯温泉	湯宿 小国のオーベルジュ わいた館	162
174		山川温泉	旅館山林閣	163
175		地獄温泉	青風荘	163
176		湯の児温泉	松原荘	164
177		湯の鶴温泉	湯宿 鶴水荘	164
178		黒川温泉	旅館こうの湯	165
179		天草下田温泉	望洋閣	166
180		菊池温泉	湯元旅館	166
181	大分県	長湯温泉	名湯の宿 山の湯かずよ	167
182		別府温泉	野上本館	168
183		明礬温泉	小宿YAMADAYA 山田屋旅館	169
184		ろくがさこ温泉	源泉 俵屋旅館	170
185		筌の口温泉	旅館 新清館	171
186			法華院温泉山荘	172
187		豊後の森郷七福温泉	宇戸の庄	173
188		鴨良温泉	耶馬溪観光ホテル	173
189		由布院温泉	杜の宿 ゆふいん泰葉	174
190		三船温泉	民宿城山	174
191			黒嶽荘	175
192	宮崎県	京町温泉	松尾旅館	176
193	鹿児島県	妙見温泉	ねむ	177
194		妙見温泉	妙見楽園荘	178
195		安楽温泉	みょうばん湯	178
196		硫黄谷温泉	霧島ホテル	179
197			祝橋温泉旅館	180
198			諏訪温泉	181
199	沖縄県	三重城温泉	ロワジールホテル那覇（島人の湯、海人の湯）	182
200			伊計島温泉 AJリゾートアイランド伊計島	183

満足できる日帰り125選

No.	都道府県	温泉	施設	ページ
33		奥塩原新湯温泉	むじなの湯、中の湯	206
34	群馬県	御所平温泉	かくれの湯	207
35		猿ヶ京温泉	公衆浴場いこいの湯	207
36		四万温泉	河原の湯、上之湯	208
37	埼玉県		森のせせらぎ なごみ	209
38	千葉県		小糸川温泉	209
39	神奈川県	湯河原温泉	ままねの湯	210
40		箱根仙石原温泉	かま家	210
41	東京都		地鉈温泉	211
42			湯の浜露天温泉	212
43	新潟県	えちごせきかわ温泉郷	雲母共同浴場、上関共同浴場、湯沢共同浴場	213
44			梶山元湯	214
45		燕温泉	黄金の湯、河原の湯	215
46	富山県		神代温泉	216
47	石川県		金城温泉元湯	216
48		美川温泉	安産の湯	217
49			天然温泉 西圓寺温泉	217
50	山梨県		はやぶさ温泉	218
51	長野県	戸倉上山田温泉	戸倉観世温泉	218
52		鹿教湯温泉	ホテル天竜閣	219
53		蓼科温泉	小斉の湯	220
54		山田温泉	滝の湯	220
55		きそふくしま温泉	二本木の湯	221
56		下諏訪温泉	菅野温泉	221
57		沓掛温泉	小倉乃湯	222
58			軽井沢千ヶ滝温泉	222
59	岐阜県	平湯温泉	平湯の湯	223
60	静岡県	今井浜温泉	舟戸の番屋露天風呂	223
61		北川温泉	黒根岩風呂	224
62		伊東温泉	東海館	225
63		土肥温泉	元湯、楠の湯、弁天の湯、黄金の湯	226
64		熱海温泉	山田湯	227
65	三重県		天然温泉 ロックの湯	227

No.	都道府県	温泉	施設	ページ
66	大阪府		トキワ温泉	228
67	兵庫県		元湯・天然温泉築地戎湯	228
68			天然療養温泉 恵美寿湯	229
69		浜田温泉	甲子園旭泉の湯	229
70	和歌山県	岩鼻温泉	流し台の湯	230
71		勝浦温泉	天然温泉公衆浴場 はまゆ	231
72	奈良県	湯泉地温泉	滝の湯	231
73	島根県	千原温泉	千原湯谷湯治場	232
74		三瓶温泉	志学薬師 鶴の湯	232
75		温泉津温泉	元湯泉薬湯、薬師湯	233
76			塩ヶ平温泉	234
77	岡山県	八幡温泉郷	たけべ八幡温泉	235
78			般若寺温泉	236
79			小森温泉	237
80	広島県	塩屋天然温泉	ほの湯 楽々園	237
81	山口県	俵山温泉	町の湯	238
82	徳島県		松尾川温泉	238
83	香川県	仏生山温泉	天平湯	239
84	長崎県	長崎温泉	喜道庵	240
85	熊本県	寺尾野温泉	薬師湯	241
86		湯浦温泉	岩の湯	242
87		平山温泉	元湯	242
88		岳の湯温泉	岳の湯共同露天風呂	243
89		人吉温泉	華まき温泉	243
90		人吉温泉	堤温泉	244
91		奴留湯温泉	共同浴場	245
92		杖立温泉	薬師湯、元湯	246
93		日奈久温泉	松の湯	247
94		火の山温泉	どんどこ湯	247
95		吉尾温泉	湧泉閣、共同浴場	248
96	大分県	天ヶ瀬温泉	神田湯、薬師湯、益次郎温泉、駅前温泉	249
97		拍子水温泉	姫島村健康管理センター	250
98			金屋温泉	250
99		明礬温泉	へびん湯、鶴の湯	251

小林裕彦が選んだ！

ジャンル別温泉リスト

★は本書で紹介した温泉

十大 共同湯のある温泉地	★	大鰐温泉（青森県）
	★	十和田大湯温泉（秋田県）
		飯坂温泉（福島県）
	★	えちごせきかわ温泉郷（新潟県）
		草津温泉（群馬県）
		野沢温泉（長野県）
		渋温泉（長野県）
		別府温泉（大分県）
	★	天ヶ瀬温泉（大分県）
	★	湯平温泉（大分県）

十大 足元湧出温泉		丸駒温泉旅館（北海道）
		然別峡かんの温泉（北海道）
		蔦温泉旅館（青森県）
		谷地温泉（青森県）
		乳頭温泉郷　鶴の湯温泉（秋田県）
		蔵王温泉　かわらや（山形県／日帰り）
		木賊温泉（福島県／日帰り）
	★	千原温泉　千原湯谷湯治場（島根県／日帰り）
	★	地獄温泉　青風荘（熊本県）
		壁湯温泉　旅館 福元屋（大分県）

新十大 美人・美肌湯		鳴子温泉郷・中山平温泉　しんとろの湯（宮城県／日帰り）
	★	鳴子温泉郷・中山平温泉　なかやま山荘（宮城県）
	★	湯田川温泉　田の湯（山形県／日帰り）
	★	美又温泉　とらや旅館（島根県）
	★	長崎温泉　喜道庵（長崎県／日帰り）
		熊の川温泉　熊ノ川浴場（佐賀県／日帰り）
		山鹿温泉　さくら湯（熊本県／日帰り）
	★	人吉温泉　華まき温泉（熊本県／日帰り）
		湯布院温泉　束ノ間（大分県）
		鉄輪温泉　神丘温泉　豊山荘（大分県）

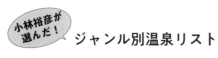

六大山の中温泉		三斗小屋温泉　大黒屋（栃木県）
		赤湯温泉　山口館（新潟県）
	★	梶山元湯（新潟県）
		湯元 本沢温泉（長野県）
	★	湯俣温泉　晴嵐荘（長野県）
	★	法華院温泉山荘（大分県）

新十大秘湯		ランプの宿 青荷温泉（青森県）
	★	湯浜温泉　ランプの宿 三浦旅館（宮城県）
	★	杣温泉　湯の沢湯本杣温泉旅館（秋田県）
	★	打当温泉　秘境の宿 マタギの湯（秋田県）
		大平温泉　滝見屋（山形県）
		西山温泉　老沢温泉旅館（福島県）
		北温泉　北温泉旅館（栃木県）
	★	中宮温泉　にしやま旅館（石川県）
	★	黒嶽荘（大分県）
	★	ろくがさこ温泉　源泉 俵屋旅館（大分県）

十大湯治温泉		川湯温泉　開紘（北海道）
		酸ヶ湯温泉（青森県）
	★	民宿梅沢温泉（青森県）
		鉛温泉　藤三旅館（岩手県）
	★	大沢温泉　湯治屋（岩手県）
		玉川温泉（秋田県）
	★	栃尾又温泉　宝巌堂（新潟県）
	★	三朝温泉　桶屋旅館（鳥取県）
		柚木慈生温泉（山口県）
	★	妙見温泉　妙見楽園荘（鹿児島県）

五大冷泉		岩下温泉旅館（山梨県）
	★	蒲田温泉　SPA&HOTEL　和（東京都）
		奥蓼科温泉郷　渋御殿湯（長野県）
		赤川温泉　赤川荘（大分県）
		寒の地獄旅館（大分県）

五大ぬる湯温泉		ぬる湯温泉　二階堂（福島県）
	★	西山温泉　蓬莱館（山梨県）
	★	伊豆畑毛温泉　誠山（静岡県）
	★	榊原温泉　湯元 榊原舘（三重県）
	★	奴留湯温泉 共同浴場（熊本県／日帰り）

十大炭酸泉		湯ノ岱温泉　上ノ国町国民温泉保養センター（北海道／日帰り）
	★	金山町温泉保養施設　せせらぎ荘（福島県／日帰り）
		湯屋温泉　泉岳館（岐阜県）
	★	三瓶温泉　国民宿舎さんべ荘（島根県）
	★	仏生山温泉　天平湯（香川県／日帰り）
	★	島原温泉　HOTELシーサイド島原（長崎県）
		筌ノ口温泉　山里の湯（大分県／日帰り）
		七里田温泉　七里田温泉館 下湯（大分県／日帰り）
	★	拍子水温泉　姫島村健康管理センター（大分県／日帰り）
		湯之元温泉（宮崎県）

十大絵になる温泉		不老ふ死温泉（青森県）
		国見温泉　石塚旅館（岩手県）
		草津温泉　奈良屋（群馬県）
		姥子温泉　秀明館（神奈川県／日帰り）
		山代温泉　古総湯（石川県／日帰り）
		七味温泉　紅葉館（長野県）
		下諏訪温泉　みなとや旅館（長野県）
		湯の峰温泉　公衆浴場つぼ湯（和歌山県／日帰り）
		武雄温泉　殿様湯（佐賀県／日帰り）
	★	はげの湯温泉　湯宿 小国のオーベルジュ わいた館（熊本県）

十大ドバドバ温泉		百沢温泉（青森県）
	★	あたご温泉（青森県／日帰り）
		塩原温泉　やまなみ荘（栃木県）
		庄川湯谷温泉　湯谷温泉旅館（富山県／日帰り）
		玉川温泉（山梨県／日帰り）

十大ドバドバ温泉	★	ホテル昭和（山梨県）
	★	湯川温泉　さごんの湯（ホテルブルーハーバー）（和歌山県）
	★	山鹿温泉　新青山荘（熊本県）
		筋湯温泉　うたせ大浴場（大分県／日帰り）
		妙見温泉　秀水湯（鹿児島県）

十大強烈臭温泉		豊富温泉　ふれあいセンター（北海道／日帰り）
		てしお温泉　夕映（北海道）
	★	相乗温泉　羽州路の宿 あいのり（青森県）
	★	巣郷温泉　高原旅館大扇（岩手県）
	★	舟唄温泉　テルメ柏陵健康温泉館（山形県／日帰り）
		喜連川早乙女温泉（栃木県／日帰り）
		新津温泉（新潟県／日帰り）
		西方の湯（新潟県／日帰り）
	★	月岡温泉　ゲストハウスたいよう（新潟県）
	★	瀬波温泉　大和屋旅館（新潟県）

七大質素な日帰り温泉		川北温泉（北海道）
		盤石温泉　盤石の湯（北海道）
	★	越川温泉（北海道）
	★	熱海温泉　山田湯（静岡県）
		妙見温泉　犬飼温泉公衆浴場（鹿児島県）
	★	市比野温泉　丸山温泉（鹿児島県）
	★	滝の湯（鹿児島県）

七大ひなびた温泉地		台温泉（岩手県）
		湯野上温泉（福島県）
		湯宿温泉（群馬県）
		角間温泉（長野県）
	★	温泉津温泉（島根県）
	★	杖立温泉（熊本県）
		川内高城温泉（鹿児島県）

十七大野湯		カムイワッカ湯の滝（北海道）
		平田内温泉　熊の湯（北海道）
	★	羅臼温泉　熊の湯（北海道）
	★	セセキ温泉（北海道）
		奥奥八九郎温泉（秋田県）
		川原毛大湯滝（秋田県）
		湯西川温泉　薬研の湯（栃木県）
		尻焼温泉（群馬県）
	★	地鉈温泉（東京都）
		切明温泉　河原の手堀り野天風呂（長野県）
		川湯温泉　仙人風呂（和歌山県）
	★	岩鼻温泉　流し台の湯（和歌山県）
	★	明礬温泉　へびん湯、鶴の湯（大分県）
		妙見温泉　和気湯（鹿児島県）
	★	塩浸温泉　竹林の湯（鹿児島県）
	★	平内海中温泉（鹿児島県）
		トカラ列島の温泉（鹿児島県）

七大不思議温泉		ピラミッド元氣温泉（栃木県）
	★	松之山温泉　白川屋旅館（新潟県）
		永和温泉　みそぎの湯（愛知県／日帰り）
		坂井温泉　湯本館（愛知県）
	★	天然温泉　ロックの湯（三重県／日帰り）
	★	嬉野温泉　山水グローバルイン（佐賀県）
	★	大鶴温泉　夢想乃湯（大分県／日帰り）

十大ひなびた温泉旅館	★	長万部温泉　長万部温泉ホテル（北海道）
	★	虎杖浜温泉　山海荘（北海道／日帰り）
	★	湯川温泉　鳳鳴館（岩手県）
	★	台温泉　水上旅館（岩手県）
	★	かみのやま温泉　ふぢ金旅館（山形県）
	★	湯野上温泉　一宿一飯のOnsenハウス しみずや（福島県）
	★	那須湯本温泉　雲海閣（栃木県）
	★	草津温泉　月洲屋（群馬県）
	★	姫川温泉　ホテル白馬荘（長野県）
	★	鴫良温泉　耶馬溪観光ホテル（大分県）

五大 風情のある共同湯	★	熱塩温泉　下の湯共同浴場（福島県）
	★	湯河原温泉　ままねの湯（神奈川県）
	★	勝浦温泉　天然温泉公衆浴場　はまゆ（和歌山県）
	★	人吉温泉　堤温泉（熊本県）
	★	横瀬温泉　共同浴場（鹿児島県）

五大 売りのある温泉旅館	★	男鹿温泉郷　なまはげの湯　元湯雄山閣（秋田県）	なまはげ
	★	白布温泉　湯滝の宿　西屋（山形県）	打たせ湯
	★	肘折温泉　手彫り洞窟温泉　松屋（山形県）	洞窟
	★	万座温泉　湯の花旅館（群馬県）	サルノコシカケ
	★	芦之湯温泉　きのくにや旅館（神奈川県）	源泉釜風呂

七大 食堂併設日帰り温泉	★	昭和温泉（北海道）
	★	お食事　温泉処　いやさか（福島県）
	★	箱根仙石原温泉　かま家（神奈川県）
	★	今井浜温泉　舟戸の番屋露天風呂（静岡県）
	★	別府温泉　茶房たかさき（大分県）
	★	深耶馬渓温泉　若山温泉（大分県）
	★	宮之城温泉　さがら温泉（鹿児島県）

五大 巨大混浴風呂	★	湯の瀬温泉　湯の瀬旅館（山形県）
		宝川温泉　汪泉閣（群馬県）
		白骨温泉　泡の湯旅館（長野県）
		玉造温泉　湯之助の宿長楽園（島根県）
	★	硫黄谷温泉　霧島ホテル（鹿児島県）

著者プロフィール

小林裕彦（こばやしやすひこ）

小林裕彦法律事務所 代表弁護士
岡山弁護士会所属

1960年、大阪府大阪市生まれ。1984年、一橋大学法学部卒業、労働省（現厚生労働省）入省。
1992年に弁護士登録。2019年（平成31年度）岡山弁護士会会長。
2011年から2014年まで政府地方制度調査会委員（第30次、31次）。

現在、岡山県岡山市に小林裕彦法律事務所（勤務弁護士9人）を構える。企業法務、行政関係業務、事業承継、M&A、経営法務リスクマネジメントなどを主に扱う。

2014年から岡山県自然環境保全審議会委員（温泉部会）。年間数百もの温泉地を巡り、本物の源泉かけ流し温泉の発掘に情熱を注ぐ。

著書に『これで安心!! 中小企業のための“経営法務”リスクマネジメント』（ぎょうせい）、『温泉博士が教える最高の温泉〜本物の源泉かけ流し厳選300〜』（集英社）。

ウェブサイト情報

小林裕彦法律事務所

https://www.kobayashi-law-office.jp/

Instagram

https://www.instagram.com/yasuhiko.kobayashi.3/

X

https://twitter.com/ifciA0V0ZYDExVL

YouTube「小林裕彦のまるごとぶった斬り」

https://bit.ly/3xxHI4X

企画協力　株式会社アバンダイフ　代表取締役　高橋秀樹
組　　版　GALLAP
装　　幀　内藤悠二
写　　真　小林裕彦
校　　正　春田 薫

温泉博士×弁護士が厳選
とっておきの源泉かけ流し325湯

2023年 4月20日　第１刷発行
2023年12月 7日　第３刷発行

著　者　　小林裕彦

発行者　　松本 威

発　行　　合同フォレスト株式会社
郵便番号 184 - 0001
東京都小金井市関野町 1 - 6 - 10
電話 042（401）2939　FAX 042（401）2931
振替 00170 - 4 - 324578
ホームページ　https://www.godo-forest.co.jp/

発　売　　合同出版株式会社
郵便番号 184 - 0001
東京都小金井市関野町 1 - 6 - 10
電話 042（401）2930　FAX 042（401）2931

印刷・製本　恵友印刷株式会社

ISBN 978-4-7726-6225-3　NDC 914　210 × 148

合同フォレスト
ホームページ

合同フォレストSNS

facebook　Instagram　X　YouTube